引き出す力

相手が思わず
話してしまう
ひとつ上の
「聞く力」

上阪徹
Uesaka Toru

河出書房新社

はじめに

「聞く力」と「引き出す力」はまったく違う

「どうして、あの人からこんな話を引き出せたのでしょうか？」

同じ職業の方から、ときどきこんな質問をいただくことがあります。私の仕事は、人にインタビューをして原稿を作ることです。

文章を書く仕事は、書く力こそが求められると思っている方が大半だと思いますが、私の仕事は、それ以上に重要なのが「聞く力」だということが、意外に知られていません。

なぜなら、いい話を聞くことができなければ、いい原稿は作れないから。私の仕事は、どんなに文才があったとしても、人の話を創作することはできません。聞き出した話の内容こそが、重要になるのです。

そこで、どこまで話を引き出せるか、ということに強く興味が湧くのだと思います。

コミュニケーション力という言葉が広く知れ渡り、話すことや聞くことの力が特定の職業のみならず、幅広くビジネスパーソンに求められるようになっています。そんな中で、私が仕事を通じて培《つちか》ってきた「引き出す力」が、多くの方々の武器になるのではないか、とご提案をいただいて誕生したのが、本書です。

セールスでクライアントとやりとりをしているが、なかなかうまく話を引き出せない。マーケットリサーチで消費者のインタビューを担当しているが、いいコメントがもらえない。マネジメントの仕事に就いているが、部下の本音がなかなかわからない……。

話を「聞く」ことは、質問をすればできます。しかし、それが「引き出す」ことにつながっているとは限りません。

もし、セールスでクライアントの持っている情報をもっともっと引き出すことができたなら、本当のニーズや課題を見つけられ、より的確な提案ができるかもしれない。

リサーチのインタビューで早いタイミングで初めて会う消費者から信用してもらい、感じていることをどんどん引き出せたとすれば、商品開発に大いに役立つでしょう。

なかなか心を開いてくれない部下から本音を引き出すことができれば、これまで以上に部下に寄り添ったマネジメントができる可能性がある。

ただ質問をして聞いていただけではできなかったことが、「引き出す力」を培うことによってできるようになる、ということです。

「引き出す力」があればコミュニケーション能力も格段にアップする！

コミュニケーションに関する領域では、「話す力」「伝える力」が大いにもてはやされている印象があります。もちろん、話すこと、伝えることは大切なスキルです。

しかし、どんなに「話す力」「伝える力」があったとしても、相手が求めていないことでそのスキルを使われたとしたら、どうでしょうか。単なるピント外れのコミュニケーションになってしまいかねないのです。

では、相手が求めていることを、どうやって知るのか。ここで求められてくるのが、話を「引き出す力」なのです。

いかにして、表面的なコミュニケーションではなく、相手の懐に飛び込んで有益な情報を引き出すか。相手の深層心理の奥底にある本音を聞き出して、相手の求める興味関心やニーズ、さらには好き嫌いを正確に把握できるか。

こうした「引き出す力」を身につけてこそ、あなたのコミュニケーション能力も格段にアップしていくのです。

ではここで、「聞く」と「引き出す」の違いについてのポイントを見ていきましょう。

現代のコミュニケーションでいかなる場面においても「引き出す」ことの重要性をご理解いただけるはずです。

聞く

ありきたりな情報が多い

なかなか心を開いてもらえない

あまり今後の人間関係につながらない

相手を表面的にしか知れない

一方通行のコミュニケーション

引き出す

有益な情報が得られる

信頼され相手の懐に飛び込める

良好な人間関係を構築できる

相手の意外な一面を知れる

コミュニケーション力がアップ！

ただし、相手の話を引き出すというのはなかなか難しいことではあるのも確かです。

相手の話を引き出すことの難しいところは、「浅く引き出す」から「深く引き出す」まで程度の違いが大きな要素としてあることです。

どんなに相手の話を引き出そうと頑張っても、「あまり話を引き出せなかった」「話を深掘りすることができなかった」といった事態がどうしても起きてしまうのです。

「1を聞かれて10を答える」という人もいないわけではありませんが、多くのケースで「1」を聞けば「1」しか戻ってきません。ともすれば、「0・5」しか戻ってこないこともあります。

相手が持っていることが「10」あるのに、「1」しか聞けなかったのでは、とても残念なことになります。それこそ、本当のニーズや本当に考えていること、本音は聞こえてこないことになるからです。

そこで、どうすれば「10」に近いところまで聞けるのか。これこそが、「引き出す力」であり、その方法を本書では余すところなく紹介していきます。

コツさえつかめばオンラインでも話を「引き出す」ことはできる

私は経営者や科学者、アーティスト、俳優、スポーツ選手など幅広い領域の著名人から、ときには新入社員や学生にもインタビューすることがあります。

書くことはアウトプットになるわけですが、実は最も重視してきたのは、相手から話を「引き出す」ことでした。先にも触れたように、いい話が引き出せなければ、私の仕事は評価してもらえないからです。

それこそ、これは過去の本にも何度も書いていますが、私は書くことが得意でも好きでもありませんでした。では、なぜこの仕事をしているのかというと、「伝える」ことが好きだからです。

そして、この世界でフリーランスになって27年間、忙しい日々を過ごしてくることができたのは、「伝える」ために「引き出す」ことができた力によるところがとても大きかったと思っています。

他のメディアでは語られていない話を「引き出す」。ハッとさせられるような一言をもらう。その人にしか語れないエピソードを聞く……。

インタビューの相手から、「ああ、これが言いたかったんだよ」というセリフをもらったことがあります。相手から「楽しかった、ありがとう」と言われることもあります。インタビューだけしてくれないか、という要望をもらったこともあります。

では、どうやって相手から引き出しているのか。引き出すときに何をしているのか。どんなスキルが求められるのか、実際にコミュニケーションをしている場面を振り返り、まとめてみたのが、本書です。

この1年ほどは、新型コロナウイルス感染症の影響で、リアルに対面で話を聞く機会を持つことが難しくなっています。リモートワーク、オンラインワークがどんどん拡大していますが、「オンラインでは話が聞けない。引き出せない」という声も聞こえてきています。

私の仕事もオンラインが増えていますが、そんなことは言い訳になりません。そこで、オンラインでの取材を繰り返すうち、オンラインでも「引き出すコツ」があることがわかってきました。

私が取材やインタビューをする仕事を通じて培ってきた「引き出す力」は多くの人に応用してもらえると考えています。

「聞く力」だけにとどまらない「引き出す力」が、少しでもお役に立てたなら幸いです。

引き出す力　目次

第2章

引き出す力を身につける 準備編

～「引き出す」は顔を合わせる前から始まっている

第3章 引き出す力を身につける 実践編Part1

～「引き出す力」は「目的の説明」から始まる

第4章 引き出す力を身につける 実践編Part2

～「引き出す力」を左右する質問を生み出し、構成する力

第5章 引き出す力を身につける 応用編

～相手の話を最大限引き出すための気くばり

第1章

引き出す力を理解するために大切なこと

コミュニケーションは言葉だけで行われているわけではない

初対面の無印良品の元会長にオンライン取材

人に話を聞き、コミュニケーションし、原稿を作る仕事を30年近くやってきましたが、私は対面でのリアルなコミュニケーション以外は好みませんでした。

例えば、電話でのコミュニケーション。相手に時間があるのであれば、短時間でもわざわざ会いに行ったりしたこともあります。オンラインでのコミュニケーションも同様です。できるだけやりたくありませんでした。

理由は明快で、対面のほうが明らかにうまくコミュニケーションできると感じていたからです。ただ話を聞くのであれば、電話でもオンラインでもいいかもしれない。しかし、話を引き出すとなれば、別。

相手の表情や醸《かも》し出《だ》す雰囲気を観察し、微妙な空気を五感で捉えながら、繰り出す質問を変えたり、インタビューの展開を変えたりしていく。そうすることで、ただ聞くのではなく、話を引き出していく。それは、リアルで会わないとできない、と思っていたのです。

ましてや一度も会ったことのない人から、オンラインで聞きたい話を引き出すというのは、並大抵のことではないと思っていました。ところが、新型コロナウイルスの感染拡大によって、リアルに会って話を聞く対面取材がほとんどできなくなってしまいました。


今も覚えていますが、入っていた取材予定がどんどん中止になっていく中で、初めてのオンライン取材、Zoomを使ったインタビューを行うことになったのが、無印良品を展開する良品計画の元会長、松井《まつい》忠三《ただみつ》さんへの取材でした。

上場会社の元会長、しかも苦況に陥っていた無印良品をV字回復させ、多くのメディアに取り上げられ、著書も出している著名な経営者です。私は初対面でした。しかもビッグネームの経済人にいきなりオンラインで取材しなければならなくなってしまったのです。


仕事部屋にしている自宅の一室に置いてあるデスクトップパソコンから、Zoomにつないでインタビューすることになりました。幸いだったのは、それまでに友人とのコミュニケーションや打ち合わせでZoomには慣れていたことです。

Zoom画面の背景の重要性にも気づいていたので、家のリビングから見える緑に溢《あふ》れた風景をiPhoneで写真に撮ってバーチャル背景に使うことにしました。

それが功を奏すことになります。松井さんはまず私の背景に興味を持ってくださって、「きれいな緑ですね。ホテルかどこかですか?」などと最初にコメントをしてくださったのでした。これで堅苦しい雰囲気がいっぺんに解け、コロナ禍の経営というテーマでのインタビューに向かうことができたのでした。

なぜ、驚くほどクタクタになってしまったのか?

私のインタビューのスタイルは、あまりたくさん質問を用意しないことにあります。1時間の取材なら、せいぜい6つほど。したがって、ひとつの質問を投げかけると、戻ってきた回答にその場で質問をかぶせていくというスタイルです。

もちろんメモも取りますが、ICレコーダーで録音しているので、質問に集中することができます。回答を聞きながら、そこにかぶせる質問を脳味噌をフル回転させて考えています。そして、きりのいいところで、次の用意した質問に戻る、というやり方です。

初対面のビッグネームの相手への、初めてのオンライン取材はうまくいきました。回答にくらいついて質問を繰り出し、いい話も引き出すことができた。

しかし、終わった後は途方もなく疲れていました。

改めてわかったことは、コミュニケーションは言葉だけで行われているわけではない、ということです。とりわけ見ることによって情報を得ていることを痛感しました。画面上に出てくるのは、相手の顔と上半身の一部だけですから、そこに大きな制限があった。

それでも相手の表情や雰囲気、空気を少しでもつかみ取ろうと極限まで集中していた自分がいました。また、自分が聞きたいことについてもしっかり理解してもらおうと、リアルな対面以上に丁寧に言葉を選び、話しかけていました。そのためにクタクタになってしまったのです。

ただ、一方でこのときにわかったのは、オンラインでもコミュニケーションはできる、ということでした。もちろんリアルな対面のほうが私にはありがたいのですが、仕事柄、コロナ禍ではそんなことは言っていられない。そして、オンラインになったからといって、クオリティを落とすことはできません。やるしかない、いい話を引き出すしかない、ということです。

POINT

オンラインでも、「引き出す」コミュニケーションはできる

「引き出す力」こそがキモになる

「素材」を引き出せれば誰でもいい文章が書ける

私の仕事はインタビューをして文章を書くことですが、多くの人がこの仕事を「書く仕事」だと認識しています。しかし、私はそうは思っていません。

はっきり言語化できたのは、「書くことについて本にしてほしい」と要望を受けて拙著『書いて生きていく　プロ文章論』（ミシマ社）の準備をしているときでした。

この本の担当編集者はフリーランスで同時にライターとしても仕事をしていて、別の出版社の雑誌に記事を書いていたのでした。たまたま私もその雑誌に書いていたのですが、こう言われたのです。

「上阪さんが書く記事と私の書く記事は、なぜこんなに違うのか。その違いを知りたい」

これは「書く」ことをテーマにした本にはすでに書いていることですが、もともと私は書くことが好きでこの仕事についたわけではありません。むしろ、子どもの頃は書くことは苦手だったし、嫌いでした。

にもかかわらず、それを仕事にしてしまったところに人生の妙があるのですが、そんなことを考えているうちに、ふと気がついたのです。

得意なわけでもない文章。書き方にそれほどの違いがあるとは思えない。もしかしたら、「書く内容」にこそあるのではないか、と。

要するに文章の中身です。後に私はこれを「素材」と名付けるのですが、いくら文章がうまくても、「素材」がつまらなかったら面白い文章にはならないのです。

逆に多少、文章は荒削りでも、面白い「素材」があれば、それだけで人の興味を惹《ひ》く文章になる。

そして記事を書くときの「素材」はどのように調達してくるのかといえば、多くの場合がインタビューというコミュニケーションなのです。話を聞き、いい「素材」を引き出してくることができなければ、面白い記事はできないわけです。

それこそ、どこにでもあるような、過去にたくさん取材相手がしゃべっているような、ありきたりの話を聞いてきても、私の場合は仕事になりません。

「え、あの人がこんなことを言ったのか」

「いいことを言うなぁ」

「こんな過去を持っていたのか」

読者にこんなふうに驚いてもらわないと、面白い記事はできません。

しかし、ただ単に相手の話を聞いているだけで、そういう話が出てくるとは限りません。

かといって、「ああ、今回はいい話を聞けなかった。残念」で終わりにしてしまうこともできない。これではもう仕事をもらえません。

話を引き出せれば相手への理解が深まる

なぜ私が他の人とは違う記事が書けていたのか。本を書くにあたって、そのことに向き合うことになり、それは単に話を「聞く」のではなく、「引き出し」ていたからだと気がついたのでした。

だから、「書く」ことをテーマにした本なのに、その3分の1を私は「聞く」ことについて書いたのです。「聞く」、もっといえば「引き出す」ことこそ、この仕事で最も大事なことだと思ったからです。

そしてこれは、記事を書く仕事以外でも同じです。相手の話を「引き出す」ことができれば、もっといい仕事ができる。もっと結果を出せる。もっと相手の信頼を得られる。なぜなら、それまでわからなかったことが、わかるからです。

営業や企画の仕事をしている人は、相手の真意を理解した的確な提案ができるでしょう。上司は部下をしっかりとわかった上で、マネジメントを行えるはずです。仕事を発注されたとき、ポイントをしっかり引き出せていれば、ピント外れの仕事をしなくて済みます。

そして私が初めてオンラインの取材をすることになって戸惑ったように、コロナ禍のリモートワークでオンラインでのやりとりが増え、コミュニケーションに戸惑っている人が少なくないようです。

ただ、私がそうであるように「オンラインだから」という言い訳は通用しません。その意味で、話をうまく「引き出す」力は、リモートワークが広がっている今こそ、その重要性をますます高めていると思うのです。

POINT

話を「引き出す」ことができれば、もっといい仕事ができる

人間は誰もが自分のことを話したいと思っている

話すことによって自分を理解してもらえる

具体的なテクニックについて触れる前に、コミュニケーションの大前提について、書いておきたいと思います。私はフリーランスになって27年になり、これまで3000人以上の人にインタビューしてきました。

自己紹介に3000人以上と書き始めて10年以上になるので、実際にはもっと多くの人にお会いしているのですが、数を数えていないので、もはやよくわかりません。そして今も、毎週のようにインタビューを重ねています。そんな中、改めて気づいたことがありました。

先に、「文章を書くには、聞くことが重要だ」と書きましたが、これもまたハッと驚いた気づきでした。「人に話を聞かれることは実は心地よいことだ」という気づきです。

実はみんな、自分のことを話したいのです。なぜなら、話すことによって自分を理解してもらえるから。自分のことをよりよく理解してもらえて、不快な気分になる人はいません。それはうれしいことなのです。

また、自分について聞いてもらえることによってこそ、コミュニケーションはより満足度の高いもの、レベルの高いものになっていきます。サッカーに興味のない人に、いくらサッカーの話をしても、まったくピンと来ないでしょう。

しかし、話をしているうちに、サッカー好きだということがわかり、それについて話を振ってもらえたらとしたら、どうでしょう。サッカーについての好みや自分の知識を披露する場ができるわけです。

インタビューに臨むにあたって、私が常に意識しているのは、このことです。本当はみんな自分のことを話したい。聞かれることは心地よいことだという大前提です。

だから、聞いてあげればいいのです。どんどん聞いたほうがいい。聞くこと、引き出すことによって、相手のことが本当に理解できる。それは、相手を喜ばせることでもあるのです。

しかも、堂々と聞く。こわごわ聞いていては、相手も「本気で自分のことを理解する気があるのか」と思ってしまいます。だから、堂々と聞く。もちろん、丁寧な態度は肝要ですが、おどおど聞く必要はないのです。

スーパートップセールスパーソンの引き出す力

以前、外資系の生命保険会社のスーパートップセールスパーソンに話を聞いたことがあります。保険の受注というのは、そうそう簡単なものではないのですが、その方はなんと20年以上にわたって毎日、受注をしているというのです。毎日です。

では、どうやって開拓しているのかというと、開拓はしない。「××さんに教えてもらった」と、お客さんが勝手に向こうから連絡してくるのです。そして会うのですが、保険の提案はしません。彼がやっているのは、ただひらすらに聞くことです。

仕事のこと、家族構成のこと、家族にどうなってほしいか、夫婦はどう過ごしたいか、今の課題は何か、どんな夢を果たしたいのか……。とにかく聞き続ける。

メモを取る。そして、お客さんが目指したい未来のために何が足りないのかを見つける。そこに生命保険の保障をあてはめていくのです。

目指したい未来に足りないものです。お客さんには必要なのです。当然、お客さんは買うことになる。こうして保険は毎日のように売れていくのです。

逆に、聞かないことが悲劇をもたらすという話も書いておきたいと思います。ある方はテニスが趣味で、テニスコートのあるリゾート施設の会員権の購入を思い立ちました。気候のいいところに、いい物件はないだろうか、と会員権を扱っている会社に電話をしたのです。やってきた若い営業担当者は、挨拶もそこそこにパンフレットを広げて会社の案内を始めました。長い伝統があること、全国規模に展開していること、充実した設備が整っている施設が多いこと……。ところが、話はお客さんによって打ち切られてしまいます。

何のために彼は呼ばれたのか。テニスコート付きの施設について聞きたかったからです。ところが、まったく関係がない、聞きたくもない会社の話をひたすら聞かされたのです。だから、打ち切られてしまった。

営業担当者がまず行うべきは、何のために自分が呼ばれたのか＝相手のニーズをしっかり「引き出す」こと、そしてそれに応えることだったのです。それができていれば、ピント外れの営業トークをせずに済んだ。

聞くことから、始めなければいけなかったのです。

POINT

聞かなければ、相手のことはわからない

悩み事を話すとなぜ気持ちがスッキリするのか

相手のモヤモヤ、ボンヤリを聞いてあげるといい

人は自分のことを話したい生き物。これを別の角度から後に教わることになったのは、精神科医にインタビューをしたときでした。

モヤモヤと何かに悩んでいるとき、誰かに話を聞いてもらったことでなんだかスッキリした、という経験をお持ちの方は少なくないのではないでしょうか。これもまた、話をすることの大きな効能だというのです。

そもそもなぜ人は悩んだり、不安になったりするのか。それは、モヤモヤした状態、ボンヤリした状態にあるからだそうです。そして、このモヤモヤ、ボンヤリが悩みや不安を増大させていく。モヤモヤ、ボンヤリしていることが、大きな要因なのです。

そこで、話をすることが生きてくる。モヤモヤ、ボンヤリしていることを少しずつ言葉にして外に吐き出していくことで、そのモヤモヤ、ボンヤリが解消されていくのです。違う言

葉でいえば、整理されていく。

誰かに話を聞いてもらうこととは、頭の中にあることを整理してもらえることでもあるのです。


しかも、モヤモヤ、ボンヤリが整理されていくと何が起きるのかというと、客観化されていきます。なんだ、こんなことで悩んでいたのか、不安に陥っていたのか、と冷静な目で自分を見つめることができる。

話をすることで、整理され、客観化され、なんだこんなことだったのか、と気づいてスッキリする、というわけです。


実はかつてある経営者にインタビューをした後、こんな依頼をいただいたことがありました。

「今日は取材でいろいろ聞いてもらえて、頭の中がとても整理できた。可能なら、定期的にインタビューだけしてもらえないだろうか」

残念ながら、私のアウトプットはあくまで「書く」ことですので、このご依頼にはお応えできなかったのですが、なるほど悩みや不安以外でも、「聞かれるとは、そういうことなのか」という気づきをいただけた出来事でした。

その後も「おかげでなんだか、いろいろ見えてきた」と取材後に言われることは少なくありません。あるコンサルタントは、私のインタビューをICレコーダーに録音していました。いずれ書籍を書くときに、これを使っていいだろうか、と聞かれました。もちろん了承しました。

引き出せれば話し方や伝え方もより効果を発揮していく

世の中は「話し方」や「伝え方」の大ブームです。数十万部のベストセラーになる本が、続々と出ていたりします。もちろん、話すことや伝えることは大事なことであり、その大事さに気づいているからこその出来事でしょう。

しかし一方で、話すこと以上に、聞くことのほうが大事なのになぁ、とずっと思っていた私がいました。それこそ、先のリゾート施設の営業担当者ではありませんが、相手のことを理解できていなければ、相手に評価される話はできないと思うのです。

相手が求めるものを引き出せたなら、話し方、伝え方もより効果を発揮していく。そのためには聞き方こそが大事になるし、本当のことを引き出す力はもっと求められてくると思います。

長くインタビューの仕事をしていますが、相手のことを知ろうという意識は、コミュニケーションに間違いなくプラスに働くと思っています。相手に質問をするというのは、相手に興味を持っている証《あかし》であり、それによって相手の役に立ちたいという意識の表れです。

そもそも自分に興味を持ってもらって不快になる人はいるかどうか。あなたに興味がある。そのためにいろいろ聞きたい。その姿勢は、むしろ好印象を与えると私は思っています。

聞かれることはポジティブなこと。頭の中の整理にもつながること。聞かれること、引き出されることは、決して受け身なばかりではないこと。それを前提に、うまくコミュニケーションをとっていく。この心得を、まずは持っておいてほしいと思います。

POINT

いろいろ聞きたい、という姿勢は相手に好印象を与える

「この人なら安心してしゃべれる」という場づくり

見た目も清潔感も評価するのはあくまで相手

自分のことを話したい、聞かれることは心地よい、といっても、もちろん誰にとってもそうであるとは限りません。どこの誰だかわからない怪しげな人に、自分のことを何でも語ってしまう人はいないでしょう。また、相手に興味がある、といっても、ただ一方的にこちらの思いをぶつけるだけでは、これもまた困惑をもたらすだけです。

まず必要なことは、「この人なら安心してしゃべれる」という場づくりをしていくことです。そういう空気を作ることができるかどうか。

私が電話取材やオンライン取材をずっと好まなかったのは、この場づくりが難しいと感じていたからです。一方でリアルな対面取材に自信があったのは、この場づくりに自信があるから。そういう空気を作ることに経験を積んできたからです。

リアルな対面であれば、いろいろな場面で場づくりをすることができます。例えば、象徴的なのが、最初に会って挨拶をすることです。

初対面の印象というのは、実はそう簡単にはなくなるものではありません。最初に、「おや？」と思われたら、信頼感を取り戻すには相当な時間がかかります。逆に、好印象を残すことができれば、スムーズに本題のコミュニケーションに入れる。

私がまだ会社勤めをしていた若い頃と違って、今は仕事をするときのファッションも、ずいぶんカジュアルになりました。それこそ、スーツを着る人はグッと減りましたし、ジーンズで仕事をしている人もいる。それを当たり前と思っている人もいます。

ただ、絶対に勘違いをしてはいけないのは、評価をするのは相手だということです。仮に世の中の常識がカジュアルだったとしても、相手が「スーツが当たり前」と考えていたら、たったこれだけで極めて厳しい評価を受けざるを得ないでしょう。

その意味で、挨拶には「見た目」の印象も大きく加わります。ここで「おや？」「あれ？」という見た目をしていたら、それだけで減点になってしまいかねないということです。

にこやかな表情を作っておくことの大切さ

加えて、清潔感があるか。髪の毛はしっかり整えられているか。ツメは手入れされているか。靴はしっかり磨かれているか。

名刺を相手に渡すわずかな時間で、あっという間にたくさんのことが見られていると思ったほうがいいでしょう。身だしなみに問題がある人に好印象を抱く人はいない、ということを理解しておく必要があります。

また、口角を上げて、にこやかな表情を作っておくことも大切です。しかめっ面をして、眉間《みけん》にしわが寄っているような人に、気軽に応対しようなどとは誰も思いません。

名刺交換のときは、相手の顔も見て、名刺も見て、社名と名前を伝え、「よろしくお願いします」とはっきりした言葉にして出し、きちんと頭を下げる。

実はこれは、オンラインのコミュニケーションでも同じです。リモートワークだから、カジュアルでいいや、は相手のロジックではない可能性がある。画面しかないからこそ、「感じの良い」声を意識する。

どうやって初対面で信頼を高められるか。その意識を忘れてはならないのです。

POINT
最初の挨拶、第一印象が、極めて重要

オンラインのポイントは「始まり」にある

オンラインでも「空気づくり」はできる

リモートワークが増え、オンラインでのセールス、ミーティングや打ち合わせ、上司や部下とのやりとりが増えて、苦労しているという声が聞こえてきます。リアルな対面と違って、空気が読めない。深い話ができない。意思疎通が難しい……。

オンラインでは、ノンバーバル・コミュニケーション、いわゆる非言語のコミュニケーションがうまくできないことがその要因です。これは、私がオンライン取材をやりたくないと思ってきた理由とまさに同じです。

実際に会って、全身で信頼感を醸し出すこともできないし、第一印象でいい印象を作ることもできない。

しかし、オンラインのコミュニケーションで「空気づくり」ができないのかといえば、私はそんなことはないと思っています。実際、初めてのオンライン取材以降、オンラインによる取材はどんどん増えていきました。

感染リスクがあるわけですから、リアルな対面で取材したくてもできない。かといって、「オンラインでは、いい話を引き出せませんでした」は通用しません。非言語のコミュニケーションが使えなくても、いい印象を作っていかないといけない。

「この人になら、しゃべってもいいだろう」と思ってもらわないといけない。そういう「空気づくり」をしなければいけないのです。

ここが要注意！ 画面に最初に顔が映るとき

まず気づいたのは、リアルに対面するとき以上に最初の「絵」が重要になるということです。その瞬間にどんな顔をしているか。

リアルな対面であれば、広い視野の中でいろいろなものを見ています。初対面の挨拶をする瞬間に、応接室の光景も目の中に映るし、会社の人たちも映るし、取材スタッフの姿も映ります。

ところがオンラインだと、それがないのです。ダイレクトに自分の顔と背景が、相手に映ってしまう。その瞬間に、あっという間に印象を判断されてしまうということです。
したがって大事なことは、最初に画面が出るときに、好印象を作れる見た目や表情を強く意識しておかなければなりません。相手に合った服装を心がける。身だしなみを整えておく。口角を上げ、にこやかに微笑んでおく。

そして大切なのが、第一声です。第一声で、場の空気が作られてしまうことが少なくないからです。暗いトーンで出してしまうと、場も暗くなってしまう。これでは、しゃべろうという雰囲気にはならないでしょう。
私は少しトーンを上げ、お腹に力を入れて、しっかり声を出すようにしています。多くの場合は、「おはようございます」「こんにちは」などのシンプルな挨拶です。だからこそ、しっかり発声して場の空気を作る。「お、ちゃんとした人のようだな」「ちゃんと聞いてもらえそうな人かも」という雰囲気を作っていくことが大事になるのです。

POINT

オンラインは、第一声で少しトーンを上げ、しっかり声を出す

相手にとって心地よいコミュニケーションとは？

相手のスタイルに合わせることで気持ち良く話してもらえる

ときどき取材が終わった後、「いいインタビューだった」と言ってもらえることがあります。どうしてですか、と問うと、気持ち良くしゃべれたから、という答えがくるケースが少なくありません。

それには理由があると思っています。私は、間合いやテンポを相手に合わせることを常に意識しているからです。

人にはそれぞれ、心地よいコミュニケーションのスタイルというものがあります。実は私は関西出身の人間でもあり、早口でノリよくガンガンしゃべっていく、というトークスタイルが好きなのですが、ではインタビューをするときにこのスタイルでやっているのかといえば、まったく違います。あくまで、相手のスタイルに合わせるのです。

なぜかといえば、最も心地よいスタイルで話すほうが、きっと相手は話しやすいだろうと思うからです。だから必要になるのが、相手のタイプをインタビュー中に見極めようとすることです。

インタビュー対象者は、人それぞれ。それこそ取材を何度も経験している著名な人もいれば、社会に出たばかりの新入社員をはじめ若い会社員であることもあります（これは、著名な方ばかりに取材して耳学問だけにならないよう意識して引き受けているところもあります）。

そして相手のタイプを見極めて、間合いやテンポを相手に合わせていくのです。話すスピード、声量、リズムなどもそうです。人それぞれに特徴がありますが、質問を投げかける私も、できるだけそれに合わせていくのです。

インタビューは聞く側のペースで行うべきだ、という考え方を持つ人もいますが、私はそうは思いません。何より重要なことは、インタビュー対象者に気持ち良く語ってもらうことだと考えているからです。

なぜなら、あくまで話を聞きに行っているのだから。相手が心地よくしゃべれる環境を作ったほうがいいに決まっているのです。

相手が慣れているオンラインツールを活用しよう

オンラインでも、相手が心地よくしゃべれる環境を作ったり、不安を少しでも払拭《ふっしょく》したりするために、できることがあります。それは、相手が慣れているオンラインツールを使うことです。Ｚｏｏｍに最も慣れているのであれば、Ｚｏｏｍを使う。Ｔｅａｍｓのほうがいい、ということであれば、Ｔｅａｍｓを使う。Ｇｏｏｇｌｅ Ｍｅｅｔがお好みなら、合わせる。相手が慣れているツールを使うことで、相手のオンラインへの不安を少しでも減らすことができるはずです。

あとは、まるでリアルに対面でしゃべっているかのように、普通にコミュニケーションすることです。何ごともないかのように聞く。オンラインでやりとりしているということを、お互い気にしないようにするのです。

POINT

間合いやテンポを相手に合わせる

「オンラインでは聞けない」と思えばそれが相手に伝わる

常に心がけているのはポジティブな気持ちでいること

オンライン取材を続けているうちに、オンラインでのコミュニケーションで最もやってはいけないことに、はっきりと気づいていきました。それは「オンラインではうまく話を聞けない」「深い話はできない」と決めつけてしまうことです。

理由はシンプルで、そう思ってコミュニケーションをしていると、その通りになってしまうから。そして何より気をつけなければいけないことは、そういう思いは相手に伝わってしまうということです。

これは後にも詳しく書きますが、人は想像以上にいろいろな情報を、いろいろなところから発信しています。聞き手の立場になったときには、相手の非言語の情報も含めて、それをうまく受け止め、引き出す力につなげていくことができるわけですが、逆も同じです。

聞く側の自分も、さまざまな情報を自分が気づかないうちに非言語で発信している、ということを認識しておく必要があります。自分が密かに思っていることは、外に出ていってしまっている可能性も大きいのです。

例えば、表情に出る。態度に出る。身振り手振りに出る。思っていることが、思わず出てしまう。はっきりとは意識していなかったとしても、ネガティブな情報として発信されてしまうのです。


いい話を聞き出さなければいけない取材に向かうとき、私が常に心がけているのは、ポジティブな気持ちでいることです。「今日はきっといい話が聞ける」「これまでになかったような話を引き出せるぞ」「楽しみだ」「ワクワクいこう」……。そんな姿勢で向かうのです。

なぜなら、私の思っていることは相手に伝わってしまうから。いや、相手に伝えたいからでもあります。

これは実はオンラインでも同じです。初めてのオンライン取材はとても疲れましたが、「きっといい話が引き出せる」という思いは持っていました。実際、いい話を引き出すことができた。

逆にもし、話を聞く相手が「オンラインで話すのは大丈夫かなぁ」と感じているのであれば、それを払拭してあげなければなりません。「オンラインで大丈夫ですよ」「きっといい話ができますよ」「オンラインでも安心してしゃべってもらっていいですよ」という雰囲気を醸し出す。言葉に出す。

グループで1兆円を超える売上高を持つベイシアグループの総帥、ホームセンター業界1位のカインズの会長、土屋《つちや》裕雅《ひろまさ》さんに取材をしたときも、そんな感覚で臨みました。

これだけの大企業のトップへの取材は、それでなくても簡単ではないですが、そんなことを感じること自体が問題だと思っていました。

きちんと挨拶を済ませたら、ごく普通に聞いていきました。「こんな大物に、オンラインで」などと絶対に考えない。実際、会長もごく普通に答えてくださったのでした。

オンラインでは引き出せない、深い話は聞けない、などということは絶対にないのです。引き出せるようにすればいいのです。深い話をすればいいのです。きちんと、その方法があるのです。

やってはいけないのは、勝手にできないと思い込んでしまうことです。

オンラインに慣れているという安心感を醸し出す

もうひとつ大切なのが、オンラインでのコミュニケーションに慣れている、という安心感を醸し出すことです。オンライン講演を年間６００回以上行っている人に取材をしたときに強く感じたのが、その重要性でした。

もう見るからに、オンラインに慣れている。態度が堂々としていて、まったく違和感がないのです。相手がこうなると、私も安心して何でも聞いていくことができたのでした。「慣れているので大丈夫ですよ」というメッセージが、いかに大事か、ということです。

もし、まだまだオンラインに不慣れだという自覚があるのであれば、プライベートのコミュニケーションでも構わないので「練習」しておくことです。セールスであれば、ロールプレイングのような場を設けるのもいい。慣れる機会を作ることです。

POINT オンラインのコミュニケーションに慣れる機会を作る

“ツッコミ”を入れられるのが好きか嫌いか見極める

話し始めでどちらのタイプなのかがわかる

相手に心地よくしゃべってもらうために、ひとつ大事なことがあります。それは、相手の特徴を早めに見極めることです。これはテレビに出ている人によくあるのですが、「きっとこの人は、こんなふうにしゃべるのではないか」と想定していた人が、まったく違ったりすることは少なくありません。

話が止まらないのでは、と思っていた人が意外に寡黙だったり、あまり話をしなそうだと想像していた人が、マシンガンのように話す人だったり。

また、合いの手をはさんでほしい人もいれば、じっと黙って聞いてほしい、という雰囲気の人もいます。こうした話す側のタイプを理解できていなければ、気持ち良く語ってもらうことはなかなかできないと思うのです。

余計な口をはさんでしまって、せっかく引き出せたかもしれない話が、たち消えになってしまった、などということが起こり得ます。

相手のタイプを見極める方法のひとつを、あるテレビプロデューサーの方に教わったことがあります。それは、〝ツッコミ〟を入れられるのが好きか、それとも嫌いか、ということ。人はどちらかに必ず分かれるそうです。

それは話し始めてすぐにわかる。〝ツッコミ〟を入れられるのが好きな人は、どんどん話しかけていけばいいし、逆に〝ツッコミ〟を入れられるのが嫌いな人には、間の抜けた質問や合いの手を連発するのは厳禁です。ある程度、話したいだけ話させてあげたほうがいいのです。

これを知るために、コミュニケーションのはじめのほうで〝ツッコミ〟を入れてみることにしています。

イエス・ノーだけで答えられる質問を投げかける

私が最も聞きやすいのは、やはり私とタイプの似ている人だと思います。それは相手も同様です。インタビューで妙にリズムが合い、「また別のインタビューもお願いしたい」と取材対象者から依頼されることもあります。

資生堂の魚谷雅彦《うおたにまさひこ》社長はその一人でした。当時は日本コカ・コーラの社長時代でしたが、インタビューで妙にテンポが合い、「僕の本を作るときは、あなたに取材して書いてほしい」と言っていただけたのでした。

その後、何度も取材をさせていただき、ときどき書かせてもらっている週刊誌『AERA』（朝日新聞出版）のノンフィクションページ「現代の肖像」にも登場してもらいました。コミュニケーションのリズムが合うと、こういうことも起こるのです。


逆にタイプが違う人の場合、どうするか。例えば、じっと黙って聞いてほしい人のとき。端的に心がけているのは、相手に合わせることです。相手は、自分のペースで話をしているのです。そのペースを遮ってしまうと、コミュニケーションはギクシャクしたものになりかねません。

私のようなせっかちな人間からすれば、どんどん聞きたくなってしまうわけですが、そこはじっと我慢。こういうときには、もともと早口の自分の口調を、できるだけゆっくりするように心がけます。そうすることで、自分を落ち着かせることもできます。

一方で、とにかくしゃべってもらえないとき、あるいは相手が沈黙してしまった場合には、どうするか。こういうときにも、無理は禁物です。私は沈黙は苦手なのですが、まったく平気、という人もいます。

それこそ、じっくり考えて話す人は、かなり間合いが長いケースもあります。だから、急《せ》かしてはいけない。こういうときにも、あくまで相手のペースに合わせることです。

そうはいっても、時間に限りがあったりする場合は、ひとつの方法があります。それは、イエス・ノーだけで答えられる質問を投げかけることです。そうすれば、意思疎通ができます。

また、質問によっては、いきなり語りが始まる場合もあります。そのためにも、後に詳しく書く、いろいろな質問を繰り出せる準備をしておくことが大事になります。

POINT

沈黙が続く場合は、イエス・ノーで答えられる質問を投げかける

実は一流の人ほど謙虚で感じがいい

石橋貴明さんの印象はなぜ良かったのか

第一印象を良くするために、ひとつのヒントがあります。「うわぁ、この人は印象がいいなぁ」と思える人の真似をすることです。どうしてこの人は、第一印象がこんなにいいのか、自分なりに分析してみる。そして、それをそのまま真似させてもらう。

私の場合は、多くの成功者への取材がヒントでした。起業家、上場会社の社長、俳優、スポーツ選手、科学者……。実は一流の人ほど、謙虚で感じがいい、というのが数千人に取材してきた私の印象です。しかも、サービス精神旺盛でこちらの意図を汲んで行動してくださる。なるほど、だから一流なのか、と思わされたことは一度や二度ではありません。一流の人とは、コミュニケーションの達人でもあるのです。

一流の人のコミュニケーションといえば、鮮烈に覚えているインタビューがあります。とんねるずの石橋貴明《いしばしたかあき》さんへの取材です。もう10年以上前になりますので、今やＹｏｕＴｕｂｅｒとして絶大な人気を誇っている石橋さんが、テレビで大活躍していた頃です。

木梨憲武《きなしのりたけ》さんとコンビを組むとんねるずでは、石橋さんはヒール役ともいえる存在に見えていました。怖いキャラと言ってもいいかもしれません。破天荒で、何が飛び出してくるかわからない。そんなエキセントリックさが、とても印象に残っていました。

もしや怖い人なのではないか、しゃべってもらえないのではないか、と不安になりながらインタビューに向かったのでした。


ところが、取材場所となったホテルのスイートルームに現れたのは、温和な笑顔をたたえた長身の紳士でした。挨拶もにこやかに、「どうぞよろしくお願いします」としっかり頭を下げられたのです。こうして初対面で素晴らしい印象を残された石橋さん。何より事前のイメージから想定していた人物像とはまったく違っていたので、面食らうと同時に「一流の人はやっぱりそうなのか」という思いを私は改めて強くしたのでした。

しかも、一流の人のコミュニケーションはこれだけで終わりではありませんでした。石橋さんはソファに腰を下ろすと、取材スタッフ全員の名刺をローテーブルの上にきちんと置かれたのです。私がびっくりしたのは、質問を繰り出していくたびに、石橋さんがこんなふうに返されたことです。

「上阪さん、今のはいい質問ですね」

「上阪さんがおっしゃるのはもっともです」

「こういう言い方もできるかもしれないですね、上阪さん」

飾らず素のままに、素直な気持ちで向かう

学生時代にテレビで観ていたスターが、私の名前を呼んでいる。これはもう、なんともうれしいことであり、誇らしいことでもありました。丁寧に答えていただいて、意外な話もたくさんお聞きできたのですが、何より私の印象に残ったのは、名前を呼んでもらえたことでした。

「名前というのは人生で最もたくさん聞く言葉、名前を呼ばれることは実はとても心地よいことだ」と著名な経営者から取材で聞いたのは、もっともっとあとになってからのことです。

そのことを石橋さんが知っていたのかどうかはわかりません。ただ、相手の名前を意識するだけで、印象は大きく変わるのです。私が今も、心がけていることのひとつです。

長年にわたってテレビで持っていたレギュラー番組がなくなったものの、ＹｏｕＴｕｂｅでの石橋さんの「逆襲」は大きな話題にもなりました。動画の高い評価の裏側には、かつてのスタッフが石橋さんを支えていることも大きいようです。

もし、石橋さんがテレビで観ていたヒールのキャラクターそのままであれば、果たしてスタッフはついていったかどうか。想像するに、石橋さんの本当の姿は、温和な笑顔をたたえ、にこやかに謙虚に部屋に入ってきたあの紳士そのものだったのかもしれません。その意味で、あのインタビューには彼の人柄がそのまま出ていたのではないかと思っています。

逆にいえば、すべては印象に出てしまう、ということです。とりわけ経営者などは、人を見抜く鋭い力を持っている人が少なくありません。ですから私は、絶対に背伸びをしないように意識をしてきました。そんなことをしても、お見通しだからです。

そして、何か良からぬ目的を持っていたり、よこしまな心で近づいたとしても、それは必ず見抜かれてしまうと思います。飾らず、素のままに、素直な気持ちで向かうこと。それが良い第一印象を作り、引き出す力につながっていくのです。

POINT

コミュニケーション中に「名前を呼ぶ」だけで印象は一気に変わる

国民的アイドルの稲垣吾郎さんに会っても緊張しない理由《わけ》

「よく思われたい」は話を引き出す阻害要因になる

著名な経営者や有名タレント、映画監督、野球監督や大学教授などにもたくさん取材しているというと、「緊張はしないのですか」と質問を受けることがあります。しかし、緊張することはありません。

取材で聞いたのか、何かの本で読んだのか、覚えていないのですが、緊張するのは、メカニズムがあるのです。それは、自分のことをよく思われようとすること。そうすると、緊張してしまうのだそうです。

採用の面接で緊張するのは当然のことで、よく思われたいからです。しかし、よくよく考えてみるとわかるのですが、自分のことをよく思われたいと思ったところで、よく思ってもらえるわけではまったくありません。

そのことに気づいてからは、どんな場でも緊張しなくなりました。緊張してもしょうがないとわかったからです。


　ましてやインタビューで出会う方々は、あくまで取材の対象者であり、私に期待されているのは彼らからいい話を引き出して、読者にとって魅力的な記事を書くことです。

　間違っても、私が気に入られることではないし、彼らにとっての私の評価を上げることでもない。もちろん嫌われたりしたら話を引き出すことは難しいと思いますが、過剰によく思われようなどという必要はまったくないのです。

　そんなわけで、まったく緊張しないこともあって、私はいわゆるビッグネームとされている人たちへの取材に次々に駆り出されることになったのでした。


　近年だと、最も鮮烈なインパクトがあったのは、元ＳＭＡＰの稲垣吾郎《いながきごろう》さんでしょうか。平成を駆け抜けた日本のトップスターの一人。取材したときは、「新しい地図」の一員として活動を始めて、最初の映画主演をされたときでした。きっと凄いオーラの持ち主なんだろうな、とは想像していましたが、実際には想像をはるかに超えていました。

　取材会場は大きなスタジオで、その一角に取材場所がセッティングされていたのですが、その正反対にある入り口から稲垣さんが入ってこられたとき、空気が一変したのです。うわぁ、これが本物のスターのオーラなのか、と驚いたのを覚えています。ただ、感動するのはここまでです。インタビューとなれば、そんなことはまったく関係がありません。誰が相手であっても、自然体で聞きたいことをビシバシ聞いていく。それが私の仕事だから。

割り当てられた時間はかなり短かったのですが、さすがは取材慣れしているスター。繰り出す質問に見事に的確に答えてくださったのでした。サービス精神旺盛に、こちらの意図を汲んでくださるのは、一流の人たちに共通していること。ここから5000文字を超えるインタビュー原稿を作りました。

そして、ありがたかったのは、その原稿を関係者に気に入ってもらえたのか、新しい地図の草彅剛《くさなぎつよし》さん、香取慎吾《かとりしんご》さんにもインタビューすることになり、さらには二度目の稲垣さんのインタビューまでさせてもらえたことです。このとき稲垣さんは、私のことを覚えていてくれました。媒体が同じだったので、媒体名を覚えていただけかもしれませんが。

「うまく質問できるか」という不安は的中してしまう

一方で、滅多になく緊張してしまった取材があります。それは京セラ創業者の稲盛和夫《いなもりかずお》さんへの取材でした。戦後を代表する経済人ですが、私が緊張してしまったのには別の理由がありました。インタビューのテーマが、少しボンヤリしていたのです。

しかも、最初にちょっとややこしい質問を持ってきてしまった。趣旨がうまく伝わるように質問できるか、実は不安が残っていました。そしてこういう不安というのは、的中してしまうもの。最初に質問がこんがらがり、しどろもどろに。まったくの恥ずかしい事態でした。

ここで救いの手を差し伸べてくださったのは、誰あろう稲盛さんご本人でした。私のいくつかの言葉から意図を汲み取り、しっかり答えてくださったのです。おかげでその後はリカバリーすることができ、貴重な取材を終えることができました。

以来、肝《きも》に銘じているのは、不安を持たないことです。それは本当にそうなってしまうから。逆にいえば、不安にならないようにしっかり準備をする、ということでもあります。

ちなみに緊張はしませんが、緊張感を持つことは大切です。貴重なお時間をいただくのです。1秒も無駄にしないよう、緊張感を持って臨むことをいつも心がけています。

POINT

「よく思われたい」と思うから、緊張してしまう

第2章

引き出す力を身につける

準備編

「引き出す」は
顔を合わせる前から
始まっている

オンラインで最も重要なのは「通信環境」

厳しい通信環境は想像以上にストレス

どうやってコミュニケーションを深めるか。相手から深い話を引き出すことができるか。実はコミュニケーションは、顔を合わせる前から始まっていると私は考えています。端的に言えば、しっかり準備をすること。そのための心構えを持っておくことです。

例えばオンラインでのコミュニケーションであれば、インフラを整えておくこと。お気づきの方も多いと思いますが、コミュニケーションの力以前にオンラインで最も重要になるのは、通信環境です。ここに問題があると、どうにもならない。

通信が安定しなくて、音が途切れ途切れになってしまう。私も知人とのやりとりで経験がありますが、厳しい通信環境は想像以上にストレスになります。

しかもノンバーバルの情報があまりありませんから、まさに途切れ途切れの情報から内容を想像していくしかない。言っていることを理解するにも一苦労ですし、印象は最悪。もし、音声の質の悪い人から取材を受ける立場だったとしたら、これは本当に厳しいと痛感しました。

また、周囲の環境も重要です。ロングインタビューをしていて、途中まではホテルの一室、途中からホテルのロビーで相手から接続してもらうことになったことがあったのですが、後半はまわりの音がうるさくて本当に辛かった。

周囲の雑音がすべて入ってしまうのです。たったこれだけで、いかに聞いている相手を不快にさせてしまうことになるか、身をもって体験することになりました。安定した通信環境と静かな環境を確保すること。これは、オンラインコミュニケーションでは何より必須です。

私自身は、オンライン取材の際には仕事場からデスクトップパソコンを使って、有線LANに接続しています。ケーブルテレビのインターネットサービスを契約しているのですが、Wi-Fiを使うのではなく、LANケーブルからダイレクトにパソコンにつないでいるのです。こうすれば、接続環境は極めて安定します。

ポケットWi-Fiなどのモバイルルーターを使っている人もいますが、アンテナの位置によっては通信の質が大きく低下してしまうことがあります。結果的にノイズに悩まされるようなことになりかねない。

またＷｉ－Ｆｉなどの無線ＬＡＮは、帯域によっては家電製品に反応してしまう場合があります。実際、２・４ＧＨｚのＷｉ－Ｆｉは、電子レンジのスイッチをオンにしただけで、通信が途切れることもあるそうです。在宅勤務のときには、要注意です。

なぜ、「女優ライト」が爆発的に売れているのか

また、パソコンのカメラにもよりますが、映像の質が悪い場合もコミュニケーションを大きく阻害します。カメラの画素数、照明や背景によって、印象を左右してしまうことは、多くの人がお気づきだと思います。

はっきりと顔が映っておらず、ぼんやりとしたままの人に、果たして人は心を開けるかどうか。積極的に「いい話をしてやろう」と思ってもらえるかどうか。

くっきりと鮮明な映像で顔を出している人と比べて、どちらがいいコミュニケーションができそうか。答えは明白だと思います。

オンラインでのコミュニケーションが拡大していく中で、「女優ライト」と呼ばれるライ

トが爆発的に売れていったのも、当然のことでしょう。照明で顔を明るくするだけで、印象は一変するからです。暗い顔の人の印象は、残念なものになりかねないのです。

また、パソコンのカメラでは限界があるので、外付けのウェブカメラを購入するのもひとつの方法です。わざわざ買うのか、という人はスマートフォンのｉＰｈｏｎｅがウェブカメラに早変わりするアプリ「ｉＶＣａｍ」を手に入れるのも有効です。ｉＰｈｏｎｅのカメラのほうが、パソコンのカメラより、はるかに高性能だからです。

他にも、音声の質を高めるための外付けのマイクを使う。クリアな音質で質問できたほうが、相手の印象が良くなるのは言うまでもありません。３０００円ほどで購入できるピンマイクでもまったく違う音質になります。

これはリアルな対面取材で痛感してきたことですが、話し手に少しでも何か気になることがあれば、しゃべろうとする話も出てこなくなってしまうのです。それは、こちらの印象しかり、環境しかり、物音しかり。

引き出す力には、周囲の環境づくりが極めて重要になるのです。

POINT 可能なら有線ＬＡＮを。外付けカメラ、外付けマイクの準備を

コミュニケーションが始まる前にガサゴソしない

資料など必要なものはすぐに取り出せるようにしておく

準備で大切なことはもうひとつ、必要なものを事前にしっかり準備しておくことです。リアルな対面コミュニケーションなら当然やることですが、オンラインでのコミュニケーションの盲点は、自席に座っているのでいつでも取り出せると油断してしまうことです。

例えば、質問項目を記したノート。あるいは、関連する資料。録音するためのＩＣレコーダー。相手の担当者名などを記したメモ。

たしかにデスクまわりにはあるはずだけれど、デスクの上に載っていなければ、周囲を捜すことになります。すでに自分が画面に映ってしまっているのに、です。

これもご覧になった経験があるかもしれませんが、アタフタと画面上で何かを捜す姿というのは、なんとも印象がよろしくない。みっともないのです。それこそ「大丈夫かな、この人は」と思われてしまっても仕方がないでしょう。

信頼感が高まるとは思えないし、「この人になら話そう」という気持ちも高まらないでしょう。ほんの些細なことなのですが、こうした些細なことが、相手には意外に強烈な印象を残してしまったりするのです。

これは、リアルな対面コミュニケーションでも同じです。持っていかなければいけないものを忘れてしまい、挨拶を終えた後にバッグをゴソゴソしている、などというのは、まったくもって恰好《かっこう》いい姿とはいえません。信頼できそうだから、安心して何でもしゃべろう、と思ってもらえるかどうか。

私は取材で使う資料などは一式、クリアホルダーに入れ、A4版の一冊のノートにはさんでまとめています。取材現場では、それをさっとテーブルの上に出すだけです。ノートを開けば、そこには準備した質問項目などが記されたシートが整理された資料とともにクリアホルダーに入っている。数秒で、準備は完了です。

すぐに取り出すことができるよう、間口の広い革製のトートバッグを使っています。A4版の大きさのノートや書類も縦に入れられる大きさです。

人は想像以上に相手のことをよく観察している

他に出すものといえば、ICレコーダーとノートにメモするためのペンですが、これはトートバッグの間口付近にあるポケットに入れています。どこにあるかが一目瞭然で、すぐに取り出せる。ペンも同じ場所のポケットに挿しているため、同時に取り出します。

ペンはペンケースに入れておくという方法もありますし、ICレコーダーもバッグインバッグのポケットに入れておくという方法もある。しかし、それだとペンケースを取り出してペンを出す、バッグインバッグまで手を伸ばしてICレコーダーを取り出す、というワンクッションが必要になります。

私はそれが嫌なのです。なぜなら、モタモタしているように思えるから。

先にも触れていますが、インタビューには貴重な時間をもらっているのです。1秒たりとも無駄にしたくない。その気持ちが強いので、すぐにインタビューを始められるようにしたいのです。

加えて大きいのは、やはり印象です。挨拶を終えて、さぁ話をしようか、というときに、かがんでバッグに手を入れてゴソゴソしているのは、なんともスマートではない。私がもし取材対象者であれば、そう感じると思います。

印象を大きく左右するのは、実は些細なことなのです。少しでも何か気になることがあれば、それだけでもうしゃべろうという意欲を減じてしまう。「この人なら何でも話せるかな」という信頼感を失わせてしまう。

ただ、難しいことをしなければいけないわけではありません。必要なものをしっかり準備しておく。忘れないよう持っていく。それをスマートに、すばやく取り出せるようにしておく。それだけです。

営業やプレゼンテーション、上司や部下とのやりとりでも、同じことが言えると思います。忘れてはならないのは、人は想像以上によく人のことを見ている、ということです。

このくらいは見ていないだろう、と思われることも見られていると思ったほうがいい。オンラインしかり、リアルな対面しかり、です。

POINT
その場で必要なものは、目の前に用意しておく

「あれ？」「おや？」と思う人に深い話をしたいかどうか

オンラインだからカジュアルで許される？

印象を良くする、ということは簡単なことではないかもしれません。しかし、印象を悪くすることは防げると私は思っています。そのヒントが、先にも触れた「あれ？」「おや？」と思われないことです。

オンラインでのコミュニケーションだけど、自宅からのリモートワーク。カジュアルな恰好をしているけど、リモートワークだからいいかな……。

そう判断するのは簡単ですが、評価をするのはコミュニケーションの相手です。「ああ、リモートワークだから、大丈夫ですよ」という人なのか、「どうして仕事でコミュニケーションをするのに、きちんとした恰好をしていないのか。オンラインとはいえ、失礼ではないか」という人なのか。そこに留意しなければいけません。

私の職業は一般的にライターと呼ばれますが、中にはかしこまった恰好をしたくなくて、この職業を選ぶ人もいた時代があったようです。実際、カジュアルとまで言えなくても、ライトなファッションで取材に出かける人も少なくありません。

例えば、スポーツ選手に取材をするなら、ポロシャツにチノパンでもまったく違和感はないでしょう。なぜなら、スポーツ選手のまわりには、スーツで仕事をしている人はほとんどいないから。むしろ、カジュアルな恰好をした人がたくさん出入りしている。そのままでも「あれ？」「おや？」と思われることはありません。

しかし、これが東証一部上場企業の部長職の人にインタビューする、ということになったらどうか。会社の社風にもよりますが、ネクタイをしていかないことによって、「あれ？」「おや？」と思われてしまう可能性がある。「あれ？」「おや？」と思った人に、果たして信頼感を持てるかどうか。この人に何でも話してみよう、と感じるかどうか。

ネクタイひとつで場の雰囲気が変わる

こんな話を覚えています。あるライターが、大企業の社長にインタビューすることになった。しかし、そのライターは絶対にネクタイをしない主義だった。だから、ネクタイをしないで行った、というのです。

私は社長にたくさんインタビューをしているのですが、実は社長は案外、フランクな人が少なくありません。ネクタイなしのカジュアルな出で立ちでいっても、「おお、なんだかカジュアルでいいねぇ」くらいの反応をする人も中にはいます。

しかし、問題はそこにあるのではありません。周囲を困らせてしまう可能性があるのです。「あんな恰好のライターを呼んだのは誰だ?」なんて言い出す偉い人がいないとも限らない。例えば、取材をアテンドした広報部長。あるいは、その部下。

そういう残念な思い、バツの悪い気持ちを持っている人が一人でも同じ部屋にいると、部屋の空気は良いものにはならない、というのが私の印象です。もとより、あとあとトラブルを引き起こしてしまうかもしれない。

ネクタイをしていかないという、たったこれだけのことでコミュニケーションがうまくいかなくなってしまう可能性もあるのです。だったら、さっさとネクタイをつけたほうがいい。もちろん、そのほうがいい場合、に限りますが。

余談ですが、大企業の社長インタビューのときには、話が終わったあとの撮影の合間などにささっと社長に近づいて、小声でよくこの質問をします。

「どうすれば、こんな立派な会社の社長になれますか？」

面白いのは、多くの社長が同じような答えを返されることです。

「社長になろうと思わないことです」

出世しようと思わない人が、どんどん上司に引っ張り上げられてトップの座に就く。なるほど、そうなのか、と思いました。そして同時に、この人がどういう部下を引っ張り上げるか、も想像がつきました。出世しようと思わない人、でしょう。

正確には、出世を目的としていない人、と言い換えたほうがいいかもしれません。もとより社長になることがゴールでは、会社が困ってしまいます。社長という職は手段なのです。自分が社長になって、いかにもっと良い会社にするか、こそが目的です。

これは、部長しかり、課長しかり、社内のどのポジションでも同じだと思います。それを手段に思っている人が、早く出世していく。こっそりと引き出す社長の言葉は、さすがに面白いのです。

POINT

TPOに合わせた服装で向き合うのが話を引き出す基本

なぜ、秋元康さんの本質を引き出すことができたのか

本気で直球で聞いていたから、本気で答えてもらえた

ＡＫＢ48の生みの親、秋元康《あきもとやすし》さんにインタビューしたのは、２００２年でした。まだ、ＡＫＢが生まれる前。ところが、そのヒットを予感させるようなコメントを私が取材で引き出していたので、「どうして、こんな話を秋元さんから聞けたのか」と後に何度も問われることになりました。記事の一部をご紹介しましょう。

〈僕は自由業ですし、小さな一個人ですから、みんなと同じことをしていたら負けてしまいます。

みんなが集まっている野原には、野イチゴはない。だから、野イチゴがたくさんありそうな未開の場所を探す。流行にかかわる仕事をしてきて思うのは、今はやっているものは、１年前に植えられていたということです。例えば今、ヒマワリが高値で取引されているとして、

ヒマワリを今から植えたらみんなと同じです。待っているのは暴落しかない。必要なのは今、タンポポを植える勇気なんです。

もうひとつ、僕の好きな言葉に「止まっている時計は日に2度合う」があります。例えば、ずっと前から延々とカスミ草だけを植えている人がいるとします。自分の姿勢を決して曲げない。でも、何年かに一度、カスミ草の大ブームが来て、この人は高い評価を受けるんです。一方、ただ流されて、ヒマワリだ、タンポポだと移ろう人もいる。こういう人は、永遠に時代から5分遅れで走り続けるわけです。一度も時間は合わない。〉(『プロ論。』徳間書店)

秋元さんはこのインタビューの前、1980年代半ばに「おニャン子クラブ」で大ブームを巻き起こしていました。

実は秋元さんは変わっていないのです。同じことをやり続けていた。世の中のほうが変わって、大ブームがまたやってきたのです(前回と違ったのは、それを長く継続させる仕組みを作られたことでしょうか)。

どうしてあのタイミングで秋元さんから、こんな話が聞き出せたのか。私が感じている理由は、とてもシンプルです。本気で聞きに行ったから。そして、恥ずかしげもなくストレートに質問したから。どうすればヒットが生み出せますか、と。そんな直球の質問をする人は、案外いないのかもしれません。

本心は顔や立ち居振る舞いに出てしまう

実はこのインタビューが掲載された本はシリーズで40万部を超えるヒットになるのですが、秋元さんは本をお送りしたとき、「この本は売れますよ」とおっしゃったと聞いています。

週刊の求人誌の連載インタビューをまとめたものでしたが、私はすべてのインタビューを本気で聞きに行っていました。

私は20代で転職に失敗し、失業。そこから、仕方なしにフリーランスになったという経験を持っていました。だから、本気で成功の仕組みを知りたかった。私の20代と成功者は何が違ったのかを聞きたかったのです。

実は連載中からインタビューは支持を得ていたのですが、だんだん私はその理由を理解しました。本気で聞きに行くと、本気で答えてもらえる、ということです。ただ単に仕事で来ているのか、本当に知りたいのかは、明らかに相手にはわかるのです。

まだ若かったし、流暢《りゅうちょう》に聞けたわけではありません。荒削りな質問もたくさんあった。それこそ、「どうやったら成功できますか」「お金持ちになるにはどうすればいいですか」など、恥ずかしげもなくストレートな質問をどんどん繰り出していました。

質問のレベルより大事にしたのは、意図がしっかり伝わる質問をすること。一生懸命に向かうこと。真剣に耳を傾けること。

後に取材で教わることになったのが、本心は顔や立ち居振る舞いに出てしまう、という真理でした。実際、そうなのだと思います。本気で相手に関心を持っているか。本当に知りたい、話を聞き出したいと思っているか。それは結果的に、誰かの役に立つはずだという確信があるか……。

何より大事なことは、聞く姿勢なのです。どんなに表面的に聞く技術を磨けたとしても、本気で聞きに行っていなければ、話は引き出せない。本心は、相手にはまる見えになっているのです。

POINT

本気で聞きに行っているかどうかは、相手にわかってしまう

どうしても引き出したい、というメッセージを全身から発する

有名漫画家に「ああ、いつもの取材だ」と思われなかった理由

本気で聞く。とにかく一生懸命聞く。どうしても引き出したい、というメッセージを全身から発する。それが読者のためになるんだ、と確信を持って聞く。そうした「思い」を持っているとどうなるのか、私には実体験が他にもあります。

著名な方々、成功者の中には、これまでに何度もインタビューを受けている人が少なくありません。いろいろなメディアからいろいろな取材がやってきて、それに答えている。多くの取材で似たようなことを聞かれることも少なくなく、仕事のためだから取材は受けるけど、実のところウンザリしている様子が見えることもあります。

これも20年ほど前の話になりますが、著名な漫画家にインタビューしたとき、まさにそんな様子が垣間見《かいまみ》えたのでした。初対面のご挨拶をしたときも、少しお疲れの様子でした。し

かも、私は名刺を渡しましたが、名刺をもらうことはできませんでした。

もしかすると、「ああ、またいつものような取材なのか」と思われていたのかもしれません。

ところがインタビューを始めてしばらくして、様子が変わってきました。私が持っていたのは、いつものように強い「思い」です。それが敏感に伝わっていったのだと思います。だんだん姿勢が前のめりになり、頬も上気してきて、話も熱を帯びていったのでした。

このときも、とても面白い話を聞けました。今日もいいインタビューができたと、ノートと資料をバッグにしまっているとき、「ちょっと待って」と声をかけられました。その漫画家は荷物が置かれているところに行き、バッグから名刺入れを取り出すと、最初にはいただけなかった名刺を帰り際にくださったのです。

これはうれしかった。まだライターを始めて数年の駆け出しの時代です。名刺をくださったということは、なにがしかの評価をしていただけたのだと思いました。

後日、原稿を出して確認してもらうと、「久々にいいライターさんに出会えました」とトレードマークのキャラクターの絵とともに戻しがファックスで送られてきた、と編集者に教えてもらいました。今も忘れられない取材のひとつです。

「思い」という熱が伝わったからこそ生まれたヒット作

もうひとつ、強烈に覚えているのが、ある著名な外資系企業の社長へのインタビューでした。とても有名な会社の日本法人のトップでしたが、資料を探しても過去のインタビュー記事がほとんど出てこない。もしやインタビュー嫌いなのではないか、と想像しました。

実際、1万字ほどの原稿を書かなければいけなかったにもかかわらず、もらえた時間は40分。実は撮影も入れると2時間は欲しいインタビューでした。資料を見ても、なんだかコワモテな印象。これは相当ハードな取材になるぞ、と覚悟しました。

お会いしてみると、たしかに迫力があります。ともすれば、ひるんでしまうような相手。広報部長も同席した取材の場は、ピリピリとした空気が流れていました。ただ、私はひるむわけにはいきません。40分しかないので、ずばずばと本気で斬り込んでいくしかない。

私が持っていたのは、このときも強い「思い」。本気で聞く。本気で知りたいと思う。絶対に読者の役に立つと確信する。そうやって質問し、戻ってきた回答にまた質問を返し、とやっているうちに、社長が突然、広報部長の名前を呼んだのでした。

「このあとの予定はどうなってる?」

広報部長が「大丈夫です」と伝えると、「面白いから続けよう。40分を過ぎてもいいから」

と社長が言われたのでした。

結局、インタビューは2時間近くにまで及び、過去になかったロングインタビューが実現したのでした。この原稿が収録された書籍も、10万部近くになるヒットになりました。

もちろんテクニカルなことも大事ですが、それ以上に「思い」こそが人を動かすのだと私は思っています。この2つのエピソード以外でも、そのことを痛感した出来事がたくさんあります。まず必要なのは、「思い」なのです。

本気で聞きに行けば、態度に出ます。なんとか話を引き出したいと身振り手振りにも出る。せっかく回答してもらった言葉に、能面のような反応をすることなど絶対にありません。前のめりになって耳を傾け、真剣に頷《うなず》く。自然にそうなっていくはずなのです。

POINT
気持ちは態度に出る。身振り手振りに出る。反応に出る

駆け引きや心理戦ではなく共感が話を引き出す

「引き出すコミュニケーション」に必要な共感設定

話を引き出すためなら、何をやってもかまわない、という考え方もあるのかもしれません。それこそ、わざと相手を怒らせたり、声を張り上げてみたり、あるいはとにかくすり寄ってみたり。いわゆる駆け引きや心理戦です。

ただ、私にはそれはできませんでしたし、するつもりもありませんでした。理由はシンプルで、相手が求めていないことはしたくないからです。幸いにも、そういうことをしなければいけない種類の仕事もしていませんでした。

相手の立場に立ってみたいのです。どうしてそこまで、されないといけないのか。そこまでされて、話を引き出されなければならないのか。そう思われると思うのです。

それよりも求められるのは、「共感」だと私は思っていました。私の強い「思い」は、もちろん私自身が本気で知りたかったということもありますが、それを読者に伝えたかったからです。読者に伝えることで、読者の幸せに少しでも貢献することができる。私が本気で聞いた話を共有できる。そうすることで、失敗が防げる。一流の人たちに、少しでも近づくことができる。

こうした「思い」に共感してもらえたからこそ、「こいつにちょっとしゃべってやろうか」と思ってもらえたのだと思います。だからこそ、思ってもみない話が引き出せたり、印象を大きく変えられたり、約束の時間を延ばしてもらえたりした。

駆け引きや心理戦をやろうとしたり、こちらの事情だけで無理に話を引き出したりしない人間だ、ということを早いタイミングで見抜いてもらえたのかもしれません。

そもそも、もし私自身が私利私欲だけで話を聞きに行っていたとしたなら、なぜ私に貴重な話をしなければいけないのか。そこには理由はないわけです。

その意味で、コミュニケーションをするときには、いかに共感を設定できるか、ということが大事になるはずです。

トップセールスパーソンが、なぜ顧客からじっくりと貴重な話を引き出せるのか。それが顧客の利益に、顧客の幸せにつながるという共感を作っているからです。

顧客のメリットになるという共感を得られたからこそ、それはできたのだと思うのです。

三宅裕司さんに投げた意表を突く質問

セールスをするときに、あるいはプレゼンテーションをするときに、上司と部下でコミュニケーションをするときに、どうやってこうした「共感」を設定することができるか。話を引き出すことが双方のウインウインになるという構造を作ることができるか。

話を引き出されることそのものが、自分のウインにもつながるのだということがわかれば、相手の意識は大きく変わっていきます。なぜ、話さなければいけないのか、はっきり理解できる。

そしてこの共感を作る、相手とウインウインを作るという意識があれば、自然に相手にも敬意が向かうと私は思っています。自分勝手な事情を優先するのではなく、相手の状況についても想像が及ぶと思うのです。

例えば、映画出演をめぐって俳優にインタビューする、という取材がよく設定されました。メディアに出ることは、映画の宣伝になります。そしてメディア側も著名な俳優に出てもらうことで注目度を高められる。ただ、よくよく聞いてみると、インタビューは丸一日、設定されていたりするのです。朝から晩まで、いろいろなメディアが入れ替わり立ち替わり、15

分おき、30分おき、1時間おきなどで取材や撮影をしていく。

想像できると思いますが、取材を受ける俳優はクタクタです。しかも、どのメディアも映画に関連した話など、似たようなことばかり聞いていく。もし順番が回ってきて、私も同じような質問をしたら、ウンザリするだろうと思いました。

そこで私が心がけていたのは、絶対に他のメディアはしないであろう質問から始めることでした。今も覚えているのは、三宅裕司《みやけゆうじ》さんのインタビューでした。夕刻の時間設定で、さぞやお疲れだろうと思っていました。

そこで、映画の話題から入るのではなく、「なぜこの職業に?」という話題から入っていったのです。そうしたら、パッと晴れやかな顔になって、ノリノリで語ってもらえました。

おそらく、他のメディアでは聞かれない話だったのだと思います。

相手の状況を想像してみる。今も、心がけていることです。

POINT

相手とウインウインになる設定を、常に意識する

聞くは一時の恥、聞かぬは一生の恥

「わかっていないので教えてください」というスタンスを貫く

「この人になら話してもいいかな」と思ってもらえるときには、こんなケースもあると感じています。ひとつは、自分と同レベルの知識を持っていて、自分のことをしっかり理解してくれる、と感じたとき。

これはありうると思います。ちゃんと話がわかっている、と感じたときには安心して話を続けられるものです。もうちょっと話してやろう、と思ってもらえるかもしれない。

しかし、リスクもあります。わかっている、というレベルについて、どのくらいを求められているのかが、なかなかわからないということです。

例えば、相手が博士号を取得するレベルの話をしたいと思っているとすれば、こちらも博士レベルの知識を持っていなければならないことになります。そこまでいかなくても、レベル感というものは、とても難しい。

実際、わかっているだろうと思われて、わかっていない話を繰り出されてしまっては、理解ができないことになってしまいます。

そこで私が意識しているのは、「この人になら話してもいいかな」と思ってもらえるときの、もうひとつのケースを選択することです。それは、「よくわかっていないので教えてください」というスタンスを貫くことです。

もちろん、事前にわかる範囲で理解しようという努力はしますが、そのスタンスで向かう。実はそれなりに知っていても、あえて無知のフリをする。

相手としては、もちろんよくわかっている人に対して話をするのも楽しいのだと思いますが、よくわかっていない人に自分の話をしっかり理解してもらうことも楽しいのではないかと私は思っています。自分が大切にしていることを理解してもらうのは、うれしいことだと思えるからです。

そして本当にわかっている人ほど、難しい話をとてもわかりやすく伝えてくださるものです。最先端の技術とて、超一流の科学者は本当にわかりやすく説明してくださる。後に詳しく書きますが、科学者のインタビュー連載『我らクレイジー★エンジニア主義』（講談社／中経の文庫）を担当しているときに、強く実感したことです。

知ったかぶりは引き出すコミュニケーションの大敵となる

逆に、絶対にやってはいけないことがあることにも気づきました。それは、中途半端にわかっているように振る舞ってしまうこと。

自分の無知をさらけ出すのは、恥ずかしさもあるのが事実でしょう。こんなことも知らないのか、と思われてしまうかもしれない。だから、知っていますよ、と背伸びをしてしまう。知ったかぶりをしてしまう。

しかし、これをやると理解ができるように話をしてもらえないだけでなく、相手に「あ、この人は本当はわかっていないな」と間違いなく気づかれてしまうと私は思っています。これでは信頼をしてもらえない。

それより、知っていても無知のフリをする、くらいのほうがいいのです。著名なジャーナリストの田原総一朗《たはらそういちろう》さんが、この取材スタイルを貫いていると聞いたことがあります。無知のフリをして聞いていて、実はわかっているので鋭い質問で斬り込んでいくのです。

私はそこまでの技術はありませんので、とにかく教えてください、というスタンスを貫きます。おかげで、いろいろなご縁もいただくことになりました。

例えば、ソニー元CEOの出井《いでい》伸之《のぶゆき》さん。月刊誌の連載を担当することになったとき、経営やワイン、オペラなど多方面の知識が必要だと編集から言われました。しかし、とてもではないですが、天下のソニーのトップを務めた人の知識にかなうはずがありません。

私は素直に「教えてください」というスタンスで臨みました。連載は5年続きましたが、本当に多方面にわたる、たくさんの知識を学ばせていただくことになりました。その後もお付き合いをいただいて、気の合う仲間たちと今も食事をご一緒させていただく機会があります。

知らないことは決して恥ずかしいことではないと私は思っています。それこそ多くの取材をして実感するのは、いかに自分が世の中のことを知らないか、ということです。世の中は途方もなく広く、深いのです。

もちろんできる限り知る努力はしなければいけませんが、わかっていないことがあったとしても、当然だと思うのです。

POINT 知ったかぶりより「教えてください」というスタンスが話を引き出す

引き出す強力な武器となる「リサーチアピール」

どこまでのリサーチをかけて臨むのがいいのか

知っていなくてもかまわない、という一方で、知ろうとする努力は必要です。ちょっと調べればわかることまで知らずにコミュニケーションを始めてしまったとしたら、それは残念な事態に陥りかねません。

例えば、会社を訪問して担当者に会ったとき、「設立はいつですか?」などという質問はするべきではないでしょう。会社のウェブサイトに行けば、そうした基礎情報はたくさん出ているからです。

今やインターネットでいろいろなことが調べられる時代。相手とのコミュニケーションをすることがわかっているのであれば、事前にできるだけ調べておくことが大切です。

会社関係の人を相手にするのであれば、会社のウェブサイトに見に行く。あるいは、その会社についてのニュースについて検索する。会う相手が過去にインタビューを受けていないか、「名前　インタビュー」で検索してみる。

多くのケースで会社のウェブサイトまでは調べるようですが、そこから先にいかない人が多いようです。会社のウェブサイトを見ることはもちろん大切ですが、これは会社から発信されている一方的な情報でもあります。

客観的に会社を捉えようとするのであれば、ニュースや記事を検索したほうがいい。その会社が広く社会からどんなふうに捉えられ、どう評価されているのか。どんな点が特徴で、業界内ではどういう位置づけにあるのか。こういうことは、ニュースや記事を見たほうが捉えやすいケースがほとんどです。

また、会社としての発信だけでなく、社長をはじめ会社内の代表やエースがどんな発信をしているか、取材を受けた記事などを読んでおくことはとても価値があります。

私はインタビューに出向くとき、必ずこれをやります。会社発信の情報やご本人の著作物などを読むこともありますが、一方で客観的なニュースや記事を探します。そのほうが、会社や相手の全体像がつかみやすいからです。世の中からどう見えているかもわかるのです（私はこれを「相場観」と呼んでいます）。

共通の知り合いがいるだけで信頼感はまるで変わる

また、ニュースを知っていると、インタビューでどういうことを聞きたいか、考えるときのヒントになります。これは次章で書きますが、すでに記事に書かれていたりして、広く知られていることを聞いても意味がありません。

それより、自分のインタビューでしか話せないことを引き出したい。そのために、すでに書かれていることを理解しておいて、「ここにこんなことが書かれていますが、これはどういうことでしょうか」と突っ込んで聞いていく。

そうすることで、「ああ、この人はかなり調べてきてくれているな。じゃあ、もっと深い話をしてあげよう」ということになると思うのです。

実際に、それなりに調べていきますが、リアルの対面取材のときには付箋《ふせん》をたくさん貼った著書や、ネットからプリントアウトしてマーカーをたくさん引いた書類を、これみよがしにインタビューをするテーブルの上に置いておくこともあります。

本に貼り付けられた付箋を見て、「そんなに付箋を付けてくださって」と驚かれることもよくあります。

これは、インタビューに当たって、しっかりあなたのことを調べてきましたよ、というメッセージです。同時に、「それ以上のことを語ってくださいね」というメッセージでもあります。

オンラインのインタビューでは、こうしてビジュアルでアピールすることが難しいのですが、「社長が商品会議でこんなアイデアを出した」といった情報はしっかりメモをしておきます。

そして商品開発の話が出てきたら、「こんなアイデアを出されたことがあるようですね」と振る。「ああ、そんなことまで知っているんですか」と言われることもありますが、こう言わせたら、相手の印象はかなり変わると思います。

とりわけオンラインではすばやい信頼獲得がなかなか難しい、とはすでに書いたことですが、だからこそ使えるものは何でも使います。大手化学メーカーの会長へのオンライン取材では、その会社に勤めている大学時代の友人に連絡を取りました。

もしや、と思っていたのですが、やはりかつての部下だったのでした。彼が前日、会長に直接、連絡を取ってくれたおかげで、「大学の同級生だったそうですね」からインタビューが始まりました。

おかげで、いい雰囲気でインタビューを進めることができました。つながりがありそうな友人知人がいるのなら、事前に調べて連絡しておく。共通の知人がいる、というだけで、親近感、信頼感はまるで変わるから。これもまた、有効な準備のひとつです。

ただし、コミュニケーションの場で、自分から「○○さんの知り合いです」「△△さんが共通の友人です」というのは、やめたほうがいい。ともすれば、自分を大きく見せようとするようにも見えるから。そういうアピールはしないほうがいいと思っています。

POINT ニュースなど、客観的な記事を読んでおく

なぜ、メモを取ることが重要なのか

メモの効能は記憶の代替だけではない

　コミュニケーションしている相手から、「この人なら、話してもいいかな」と思ってもらえるアクションのひとつに、間違いなくメモがあると思っています。自分がしている話をメモしてくれているというのは、とても好印象に映るからです。

　例えば、上司がとてもいい話をしてくれた。それについて、メモ帳を取り出してメモしている部下と、ただ黙って聞いている部下と、上司にとってはどちらが印象がいいでしょうか。

　以前、とにかくメモ魔だという大企業の経営者に取材したことがあるのですが、彼がメモ魔になったのは、きっかけがありました。若い頃、取引先の担当者から、こんな話を聞かされたというのです。

　年配のベテランだった担当者は、間もなく定年を迎えようとしていました。会社を去るにあたって、あなたに言っておきたいことがある、と。担当者は仕事の話を離れて、ときどき脱線していろいろな話をしてくれたそうなのですが、社長はその話を仕事と直接関わる内容でもないのに、せっせとメモをしていたのです。

その姿を、ベテラン担当者はとてもうれしく思っていました。大して出世をしたわけでもない自分の話を、一生懸命にメモをしてくれていたあなたの姿は、とても仕事の励みになった。どうか、その習慣を続けてほしい、と。

人前でメモを取るというアクションが、こんなにも相手を喜ばせるものだったということに、社長はそこで気づいたのだといいます。以来、どんな場所に行っても、せっせとメモにペンを走らせるようになったのです。それこそ部下や後輩の話も、メモをしていったとおっしゃっていました。

自分の話を上司がメモしてくれている。これも部下にとっては驚きでもあり、一方でうれしいことだったのではないでしょうか。また、そういう上司に対して悪い印象を持つ部下はいなかったのではないかと思います。そして、やがて彼は社長にまで上り詰めたのです。

ということで、メモは絶対に取ったほうがいいのです。相手に好印象を与えるから。自分の話をメモしてくれている人に悪い印象を持つ人はいないから。正確な仕事をしてくれそうだ、という印象を与えることもできるでしょう。

私はインタビューするとき、必ずICレコーダーで録音しています。あとでそれを聞けばいいのですが、それでもせっせとメモを取っているのは、メモの効能は他にもあるから。好印象を作ってくれるからです。だから、あえてメモを取っているのです。

7割は顔を上げ3割でメモを取るのがベスト

昨今では、パソコンを使って仕事をする機会も増えたため、パソコンにそのままメモしようとする人も少なくないようです。しかし、私は実はこれは推奨していません。私も取材を受けることがあるので、相手がパソコンでメモをしていることもあるのですが、実はいい印象を持てないからです。

この時代に何を言っているのか、と思われるかもしれませんが、何度も繰り返すように評価をするのは相手です。中高年以上の相手なら、パソコンでのメモは避けたほうがいい。ましてや、スマートフォンにメモするなど絶対にやめたほうがいい。

理由はシンプルで、我々の年代にとっては、あまり感じがよくないからです。スマホをいじっているだけで、「プライベートのメールでもしているのか」とまで思われかねない。時代錯誤と思われようが、そうなのです。評価は相手がするものだから。

メモはノートにペンで取る。これが、中高年以上の当たり前のイメージなのです（逆に若い人はその限りではありません）。

そしてメモを取るときには、じっと目線を落としたままにしないこと。基本は顔を上げて目線を相手に向けること。そしてときどき、メモに目を落とす。ずっとメモを取りっぱなしというのも、これまた印象がよくないのです。

目線をじっと相手に向けるのも良くないのですが、その意味でもメモは使えます。自然に目線を外すきっかけになるからです。人にもよると思いますが、6、7割は顔を上げ、3、4割でメモを取るイメージでしょうか。

ちなみにメモは、相手へのサインにもなります。話が脱線してしまい、その話は聞きたくないなぁと思うときには、メモを止めて顔を上げてしまうのです。このアクションは、この話は興味がないのでメモしませんよ、という無言のメッセージになります。私がときどき使う手法です。

POINT

メモは好印象に映る。パソコンでのメモは、年配者の前ではしない

爆笑問題・太田光さんから話を引き出せた極意

先入観による苦手意識は捨てよう

著名人、有名人の多くが、とても謙虚でサービス精神旺盛な人たちだったという印象を持っていますが、もちろん中には難しいインタビューになることがあります。いわゆるクセモノ、といってもいい人たち。

それは多くの場合で、彼らのキャラクターだと思います。テレビでは多弁なお笑いタレントが、インタビューになるとほとんどしゃべらない、というのはよくあることです。逆につっけんどんだったり、素直に質問に答えてもらえなかったり。

しかし、だからといって、そこで戸惑っていたのでは、インタビューの仕事はつとまりません。こういうときに私が意識しているのは、まずは苦手意識を持たないことです。

やっかいだな、大変かもしれないな、難しそうだ……。こんなふうに思った瞬間に、それはそのまま相手に伝わってしまうと思っているからです。自分のことを苦手だと思っている人に、相手がいい印象を持ってくれるとはとても思えません。

そしてもうひとつが、私心を捨ててしまうことです。私の場合は、読者にいいインタビューを届けるためにここに来ている。それが目的であり、ここに来ている理由です。それ以上でもそれ以下でもありません。

だから、読者に情報を届けるという役割に徹する。もっと言ってしまえば、読者になり切って聞いてしまうことです。

セールスパーソンであれば、自分が売ることで誰がウインになるのか、しっかり考えてみることが大切だと思います。

それこそお客さまも、それを買うことによってプラスを手に入れられるはず。ならば、堂々と提案すればいいのです。そのためには、いいヒアリングができなければいけない。だから、話を引き出すのだ、と思えばいい。

ここで中途半端に自分が顔をのぞかせて、自分のことをよく思ってもらおうとか、営業成績につなげようとか、そうした私心が出てきた瞬間に、苦しくなってしまいます。おそらくクセモノというのは、そういうことを瞬時につかむ人たちでもあるからです。だから、一筋縄ではいかなくなるのです。

ならば、私心を捨ててしまえばいい。あくまで、自分のためじゃない、こういう目的のためにやるのだ、と決めれば、どんな人が相手でも怖くなくなるものです。

話し手が想像しやすい誰かになりかわって、話を聞いてみる

印象に残っているインタビューのひとつに、爆笑問題の太田光《おおたひかり》さんへの取材があります。太田さんといえば、ちょっとエキセントリックなキャラクターで大人気。しかも、政治的な知識もあって、難しい議論に鋭い意見を出してきたりします。

折しもインタビューをしたのは、東日本大震災の直後でした。福島の原発がどうなるのか、まだ不明な点が多く、世の中が不穏な空気に包まれていたタイミング。太田さんの鋭い意見を引き出せないかと臨んだインタビューでしたが、そんなに簡単にはいきませんでした。

覚えているのは、とても警戒心が強かったこと。著名な人ですから、何か失言でもあれば大きな問題を引き起こしかねない。私はそんなことを目的にインタビューをしているわけではないのですが、簡単には信頼してもらえませんでした。

こういうときにやってしまいがちなのは、焦ってなんとか言葉を引き出そうとすること。なんとかいい言葉を引き出せないかと、悪戦苦闘すること。しかし、「いい言葉を引き出したい」というのはあくまでこちらの都合に過ぎません。

そこで、私は「読者のために来ています。だから、読者の視点から質問をさせていただきますね」というスタンスでインタビューに臨んだのです。

「一般の読者なら、今どんな情報が欲しいと思いますか」

「人々は今、何をしなければいけないと思いますか」

「読者が目の前にいるとすれば、どんな話をしますか」

すると、次第に太田さんの警戒心は和らいでいき、とても奥深い貴重な話を引き出すことに成功したのです。

私の場合では読者ですが、他の職業の人であれば「情報を与えたい相手」に意識をめぐらせるのもひとつの方法でしょう。セールスパーソンが顧客からヒアリングするとすれば、例えばより良い提案をするために、サポートしてくれる技術スタッフになりかわってみる。部下が上司とコミュニケーションをするとき、部下は担当している顧客を思い浮かべながら質問を考えてみる。

個人的な見解ですが、クセモノに見えて、実はちゃんとコミュニケーションができると、まったくクセモノではなかったりすることが少なくありません。最初の入り口がちょっと難しいだけ。その意味でも、あまり気にしないほうがいいのです。

POINT

私心をなくしてしまえば、怖いものはなくなる

誰にも通用するキラークエスチョンなどない

時間をかけてまずは相手の理解に徹する

相手との「共感」を大事にするためにも、コミュニケーションの最中に大事にしていることがあります。それは、相手の答えに過剰な期待を持たない、ということです。

例えば著名人にインタビューをすることになった。なかなかない機会、きっと素晴らしい言葉をもらえるのではないか、と向かってしまう。

しかし、そうそう簡単に素晴らしい話が出てくるわけではないし、名言が出てくるとは限りません。そんな人はそうそういないのです。

ところが、過剰な期待を持っていってしまうと、思うような言葉が出てこないことにガッカリしてしまうことになります。そして、それが顔に出てしまう。こうなると、ガッカリしていることが、相手に伝わってしまいかねない。これでは、その場でいい空気が生まれることはありません。

もちろん話を引き出したいと思ってはいても、それはあくまでこちらの願望に過ぎません。それを相手の共感を得られるよういかに高めていくか。そして共感のもとで、いかにいろいろな話を聞かせてもらえるか、ということに集中するべきなのです。

次章で質問については詳しく解説しますが、よく「話を引き出すキラークエスチョンはどんなものですか」と聞かれることがあります。実のところ、そんなものはありません。というか、誰にも通用するキラークエスチョンなどないのです。

それぞれの人に、それぞれの状況によって、ズバッと刺さるキラークエスチョンが生まれる。これを頭に浮かばせるために必要なことは、相手を何より理解することです。相手のことを知らなければ、的確な質問は繰り出せないからです。

その意味で重要なことは、まずは相手の理解に徹する、ということ。相手が言いたいことを受け止め、相手の言葉をちゃんとキャッチする。そうやって相手を理解できるから、「お、この質問には答えたいぞ」という質問ができるのです。

そして、ここまで来るには、ある程度の時間がかかることを覚悟することです。焦って、いい答えをもらおうなどと思わないこと。約束の時間が決まっているのであれば、その時間内にもらえばいいのです。

過剰なセルフアピールは逆効果

それともうひとつ、共感につながらない行動として思い浮かぶのは、自分を過剰にアピールしてしまうことです。もちろん、信頼してもらうために最低限はわかってもらっておくことは重要ですが、それ以上は必要ない。こちらはあくまで聞き手なのです。

背景にあるのは多くの場合、自分をできるだけ大きく見せたい、という思いのようです。しかし、自分を大きく見せることで、相手が共感してくれるわけではありません。むしろ、逆効果になりかねない。

自分をできるだけ大きく見せようという言動は、実は相手にはその真意がわかってしまうものだからです。なんとか自分を大きく見せようという人を、果たして相手は信頼したくなるかどうか。

大事なことは、何のために強い「思い」を持つのかということ。その「思い」をこそ伝えるべきです。その「思い」に共感してもらえたら、自分の大きさは関係ありません。

実際、今でこそ私はたくさんの書籍を出し、名前を知ってくださっている取材対象者の方もおられますが、20年前はまったく無名の書き手でした。とても小さな存在だったし、力を持っているわけでもまったくありませんでした。

しかも、メディアも有名な経済誌や週刊誌などのメジャーなメディアではありません。週刊の求人誌など、それこそまったくマイナーなメディアだったのです。それでも、いろいろな話を引き出すことができた。

振り返ってみれば、そうしたマイナーなメディアでの仕事であり、かつまた私が何の存在でもなかったからこそ、大胆に聞けてしまったのかもしれません。そして相手も大胆に答えられたのかもしれない、とも思います。

むしろ、小さなことやマイナーなことは、ポジティブな要素だったかもしれない、とすら私は思っています。大きく見せることなど、まったく必要ないのです。

POINT

相手の答えに過剰な期待を持ってはいけない

個性の強いコミュニケーション相手とどう向き合うか

怖い人、それもまたその人の持つ素敵な個性

人には間違いなく相性というものがあります。「ああ、この人は自分に合うなぁ」と直感でわかる人もいれば、「この人は苦手なタイプだな」、と思ってしまう人もいる。それは致し方のないことです。

しかし、もし話を引き出したいのであれば、「ああ、苦手だなぁ」はその場で封印しなければなりません。これは、先の「クセモノ」を相手にするところでも書きましたが、「苦手だ」と思った瞬間に、相手にもその空気が伝わってしまうからです。

「あなたのことが苦手です」というメッセージを送ってくる人に、気持ち良く話をしよう、という人はなかなかいないのではないでしょうか。

私はありがたいことに、難易度が高いと思われているインタビューにお声がけいただくことがよくあります。

「実は、ものすごく怖い経営者なんです」などと相談されることもあります。実際にお会いしてみると、たしかに怖い。妙な質問でもしたら、怒られてしまいそうな雰囲気です。

しかし、私はこう思っています。意図的にそうしている人は意外に多くないのではないか、と。なぜなら、怖い人には人は近づきたがらないからです。人が近づいてこないのでは、いい情報も入ってこないし、仕事もうまくいくとは思えない。

つまりは、そういう人なのです。普通にしていても、怖くなってしまう。それは、その人の性格でもあるし、経験してきたことがベースになっていたりする。むしろ、怖さはその人の個性なのです。そう思えば、普通に接することができる。人にたくさん会う仕事をしていて何が面白いのかというと、本当に人間はさまざまだ、ということです。同じ人は一人としていない。みんなぜんぜん違うし、バラバラ。でも、だからこそ面白いのです。

日頃からいろいろなタイプの人とコミュニケーションしておく

その意味では、あまりいないタイプの人にお会いすると、ものすごく興味が湧きます。「どうしてこの人はこうなんだろう」と面白がって見てしまうのです。

もし、苦手だな、怖いな、やっかいそうだな、と思ったら、そういう意識を持つのではなく、興味の対象として見てしまえばいいと思います。

なぜこの人はこうなのか。何がこの人をこうさせているのか。これで周囲の人はついてくるのか。社員はどう思っているのだろう。家族はどうなんだろうか……。

怖い人だけではありません。ネチネチとしつこそうな人。イライラしている人。眉間にしわが寄っている人。頭の良さをひけらかす人。なんだか感じ悪い人。ぶっきらぼうな人……。みんな興味の対象にしてしまう。

興味の対象だと考えると、目の前にいる相手がまったく違って見えてくるので、不思議です。怖い人も、単に怖い人ではなくなる。こんな質問をしたら、どんな対応、回答が戻ってくるんだろう、と興味が出てくる。

どんなアクションが怖さを生み出しているのか、一挙手一投足が気になる。使う言葉やトーンにも関心がいく。

そして、「あなたに興味があるんです」という思いは、間違いなく相手に伝わると私は思っています。とりわけ仕事ということになれば、自分に興味を持ってくれる人に、悪い印象を持つ人はまずいません。そうすると、印象は良くなる。印象が良くなれば、怖いなりに対応も良くなる。何でも聞けてしまう。

私もそうなのですが、むしろズケズケ聞いてしまう人は少ないのか、隣にいる編集者がヒヤヒヤするような質問をしても、まったく問題がないことが少なくありません。それどころか、案外、相手も面白がって見てくれていたりする印象があります（実際、怖いと言われている著名な方から後に食事に誘われたりすることもありました）。

そしてひとつ、苦手なタイプの人を作らないためにも、やっておいたほうがいいことがあります。それは、普段、接しているような人とは違う人と積極的にコミュニケーションする機会を持つことです。世代、年齢、人種、国籍などなど。

人間は本当にさまざま。本当にいろいろな人がいます。おや？と思う人と出会ったら、それは新しい出会いがあったということ。興味の対象にしてしまうことです。

POINT

珍しいタイプの人は、興味の対象にしてしまえばいい

第3章

引き出す力を身につける

実践編 Part1

「引き出す力」は
「目的の説明」から
始まる

アイスブレイクは必要か、それとも不要か

相手が世間話や雑談を望んでいるとは限らない

かつて海外取材にもご一緒した旧知の経営者から、取材に関して強烈な一言をもらったことがあります。

「取材に来て、天気の話から始める記者がいた。信じられなかった」

社長曰く、経営者は1分1秒も惜しんで仕事をしている。なのにどうして、その日の天気の話題に付き合わないといけないのか。時間をもらっているという敬意もまったく感じられないし、まともな取材ができるとも思えない……。

おそらく取材に来た人にも悪気はなかったのだと思います。いきなり本題に入るのも堅苦しいし、まずはアイスブレイク（場の緊張を和《やわ》らげて話しやすい雰囲気を演出する手法）として世間話でもしよう、ちょうど天気が良かったので話題として振ってしまった、というだけかもしれません。

しかし、私はこういうことは大いにありうることだと思います。コミュニケーションの相手が話題を振ってきたなら別ですが、相手は別にそんなものは望んでいないのです。

もとより忙しいし、時間は大事なのに、くだらない話に付き合いたくない、という気持ちはよくわかります。

アイスブレイクがあったほうがいいのでは、スムーズに会話に入れるのでは、というのは、こちらの勝手な思い込みで、相手はちっともそんなものは望んでいないことが少なくないのです。

天気以外にも、株価の話だったり、社会情勢の話だったり、事件の話だったり、アイスブレイクのつもりで本題に入る前にちょっとリラックスした話をしたほうがいいのではないか、と考えている人は意外に少なくないのですが、私はいらないと思っています。

何より実は天気や時事ネタというのは、意外に会話が続かないのです。時事ネタに対する本音の考察というのは、案外、誰にでもしゃべれるものではなかったりします。

自分のことをよくわかっている家族や親しい友人ならいざ知らず、親しくもない相手に自分の考えを何でも語るのは難しい。

また、時事ネタについては感想を言い合うだけなので、そこからなかなか話が発展していかない。次の質問に結びついていかないのです。

オンラインでは背景の話をフックにできる

同様に、世間話をするように、会社についてのことなどを感想で伝えるケースもありますが、これも会話が続きません。「オフィスが立派ですね」「エントランスがすごいですね」といったありきたりの感想を伝えたところで、どうリアクションしていいのか、相手も困ってしまいます。

それこそ、何も話すことがないので、とりあえず何か話してみた、とでも取られかねない言葉です。単なる時間つぶしと捉えられてしまってもしょうがない。

ただ、会社についての感想は質問につなげることができれば、また違ってきます。

「さきほどオフィスで××を見かけましたが、あれはどういう由来なのですか?」
「このビルの設計は素敵ですね。どの会社が設計を手がけられたのでしょう?」
「太陽の光がさんさんと入ってくる造りですね。何かポリシーをお持ちなのでしょうか?」

アイスブレイクのため、ということではなく、本当にびっくりしたり、すごいなぁ、と感じたときには、こんなふうに感想を質問に換えて話題にするのは、ありだと思います。

逆に、誰もが驚くようなオフィスなのに、何も反応しないというのも相手にとっては残念な印象になりかねないからです。

ちなみに私は余程のことがない限り（最初に話題にしたほうが良さそうなとき以外は）、世間話のようなものはしません。いきなり本題に入ってしまいます。それで特に困ったことはないし、相手が戸惑ったりしたことはありません。

ただ、オンラインでのコミュニケーションに関しては、その限りではありません。移動したり、名刺交換をしたり、といった「間」が一切ないのがオンライン。さすがに場が固いなぁ、と感じたときには「背景」について触れることにしています。

「今はどちらですか」「その写真はどこですか」「背景にはどんな意味がありますか」……。どの人も、意外に背景には気を配っているものです。これは、さりげなくリラックスした雰囲気を呼べる会話になると思います。

POINT **世間話はしない。感想は質問に換えて話題にする**

自然なコミュニケーションのために「時間に余裕を持つ」

ビルの入り口からオフィスまでどのくらいかかるのかを確認

コミュニケーションの相手に違和感を持たれることなく、自然にコミュニケーションに入っていける。そのために重要なこととして、時間に余裕を持つ、があります。当たり前のことなのですが、意外なことにできていない人が多い印象があります。

それこそ私は取材でインタビューをしなければいけないわけですが、ギリギリの時間に小走りでやってきて、まだ息も落ち着かないうちにエレベーターに乗り、ハンカチで汗を拭き拭き挨拶をする、などということになったら、とても好印象は作れないでしょう。

また、例えば高層ビルにオフィスのある会社を訪問するときには、受付を通過したり、エレベーターで移動したりするだけでも、それなりの時間がかかります。それを見越して、待ち時間を設定し、スタッフと待ち合わせなりしておかないといけない。

場合によっては、ビルの入り口から10分ではオフィスに辿《たど》り着《つ》けないこともあります。多忙を極めている経営トップにアポイントをもらっているのに、約束の時間を過ぎて到着する、などということになってはコミュニケーションが始まる前から印象は最悪です。

だから、大きなビルの場合には、ビルの入り口からオフィスまでどのくらいかかるのか、事前に尋ねるようにしています。もしわからなければ、かなり早い時間に行く。とにかく余裕を持って着けるようにしておく。

ちょっと遅れるくらい、いいじゃないか、と考える人もいますが、これもまた評価をするのは相手であることを忘れてはなりません。たしかに、ちょっとくらいはいいですよ、という人もいるかもしれませんが、遅刻など言語道断、という人もいます。

実は私は後者です。約束の時間に遅れてやってくる人は、それだけでもう信頼しません。一事が万事で、こういう人はすべてにルーズであることが多いからです。一度目は情状酌量の余地がありますが、二度目はない。実は、私と同じように感じている人は少なくないと思います。

約束の時間に遅刻するだけで、減点どころかスタートラインにすら立てないことだってある、ということを私は常に意識しています。こんなことで、いい話など引き出せるわけがないのです。

多くのケースで、アポイント時間の30分から20分前には現地に着くようにしています。夏場はどうしても汗をかくのでもっと早く到着したり、電車ではなく車で移動する選択をしたりすることも少なくありません。

とにかく違和感を作らない。「あれ？」「おや？」を作らない。相手をつまらないことで不快にさせない。肝に銘じていることです。

オンラインでは事前にカメラチェックをしておく

これはオンラインでのコミュニケーションでも同様です。アポイントの5分前には、入室してゲストを待つ。それまでに接続確認を済ませておくことも大切です。私のパソコンではときどき起こるのですが、カメラが真っ暗になったまま、起動しないことがあるのです。

そこで、カメラがきちんと動くか、デモをしておく。動かないときには、再起動してカメラが動くようにしておく。サブのノートパソコンもありますから、最悪の場合は、こちらのパソコンを使うことも考える。

設定された部屋に入れない、ということが何よりの問題になりますから、それを避けるための準備をしっかりしておく必要があります。その上で、5分前には入って、気持ちをリラックスさせておく。

自分でオンライン会議を設定する場合にも、注意が必要です。あるとき、約束の時間の少し前になっても、「主催者が部屋を開けるのを待っています」という画面が消えなかったことがありました。

すぐにメールで連絡をしたところ、なんと主催者の編集者は設定していた部屋とは別の部屋に入ってしまっていたのです。だから、私はもちろん取材相手も部屋に入ることができなかった。

うっかりして、後のスケジュールの部屋に入ってしまっていたということでした。誰も入ってこないのでおかしいと思いつつ、私からのメールが来なければずっと待っているところだった、と平謝りしていました。

オンラインでのコミュニケーションでは、こういうことも起こりえます。早めに部屋に入っていれば、トラブルに早く気づくことができるし、対処することもできる。何ごとも、早め早めが肝要だと、改めて思っています。

POINT **オンラインでは5分前には入室してゲストを待つ**

時間をちゃんと意識しているというサイン

相手に時間をもらっていることへの感謝

ご想像いただけるかもしれませんが、私がインタビューをしてきた著名な方々は、超多忙な人たちでした。中には本当に分刻みのスケジュールで動いているような経営者もいました。実際にスケジュールを見せてもらったことがあるのです。会議と会議の間のわずか数分の時間にも、ちょっとしたアポイントが入ってしまう。びっくりしました。

そんな人たちから時間をもらっているということに改めて気がついて、私が痛感したのが感謝の気持ちです。もちろんインタビューを受けることも仕事ではあるわけですが、超多忙な中で貴重な時間を取ってもらっている。これは本当にありがたいことでした。

だから挨拶をするときか、取材の始まりには必ず「貴重なお時間をいただきまして、ありがとうございます」という言葉を付け加えるようになりました。

これには2つのメッセージがあります。ひとつは、時間をもらっていることへの感謝の気持ち。そしてもうひとつは、あなたの時間を意識していますよ、というメッセージです。

これは多忙な人に限りませんが、人の時間というのは、とても大切です。それをもらっていると意識できているか。人の時間をもらうことを当たり前に思っていたり、自分の都合で人の時間を奪ってしまったり、という人が信用されるとはとても思えないのです。

実際、時間を大切にしている人は少なくありません。だから、そのことに気づいていますよ、とメッセージしておく。もっと端的にいえば、いただいている時間を有効に使う努力をするし、時間をオーバーしたりすることはしない、というメッセージです。

腕時計を外してテーブルの上に置いておく

もうひとつ、それを伝えるためにやっていることがあります。それは腕時計を外して、目の前に置いておくことです。少なくとも私は、時計がなければ、時間をコントロールすることはできません。

インタビューする応接の部屋に時計はあるかもしれませんが、私の座る位置からうまく見えない可能性もある。また、凝《こ》ったつくりの時計は時間が見にくかったりするのです。

しかも、壁に掛かっていたり、サイドボードに置いてあったりする時計をチラチラと見るのは、あまり恰好のいいことではないと私は思っています。

時間をコントロールしているのではなく、この人は時間を気にしているのではないか、早く帰らないといけないのではないか、と思われてしまいかねない。やってはいけない「おや？」「あれ？」が起きてしまうのです。

同様に腕にはめた腕時計をチラチラとチェックするのも同じだと思っています。不意に手を上げて腕時計をチェックするのは、意外に目立つ動きだったりします。コミュニケーションに集中しているときなら、なおさらです。

腕時計で時間をチェックしている人を見て、「あ、時間を気にしているのかな」と感じたことのある人は少なくないのではないでしょうか。そして相手を気遣う人ほど、そういうことにとても敏感だったりします。「お時間、大丈夫ですか？」という問いが飛んできたりする。コミュニケーションの相手が気にしてしまう可能性は少なくないのです。

だから、腕時計を外してテーブルの上に置く。そうすれば、質問項目を書いたシートを見たり、ノートにメモを取ったりしながら、その向こうに置かれている時計に目を向けることができます。

そして、コミュニケーションを進めながら、きちんと時間も把握していく。もらっている時間内に終わらせるべく、会話をコントロールしていく。そうすることで、相手も安心して話すことができる。

これは次章でも書きますが、そのためにも「このもらった1時間で何を話してほしいか」ということは事前に伝えておいたほうがいいと思います。そうすることで、話さなければいけないことをどこまで話しているか、相手にもわかります。

私自身がインタビューを受けるときもそうなのですが、時間内にきちんと終わらせられそうだ、この人は終わらせてくれそうだ、という安心感は大きな信頼につながっていくと私は感じています。

ちなみにオンラインでのコミュニケーションでは、腕時計を使った相手へのコミュニケーションはできません。そこで私がやっているのは、何時まで時間をもらっている、ということを冒頭で再確認することです。これだけで、時間への意識を伝えられます。

POINT

腕時計を外して前に置く。時間をしっかり管理する

マスク習慣で目つきの悪い人が多くなった理由

人は目から表情や本音を読み取っていく

マナーの専門家にインタビューをしていて、ハッとする一言をもらったことがありました。コロナの感染拡大以降、マスクをつけることは当たり前になっているわけですが、そのために目つきが悪くなっている人が増えている、というのです。

誰しも悪い印象を人から持たれたくないもの。マスクをしていなければ、顔全体で印象を醸し出すことになりますから、しかめっ面をしている人はそれほどいません。

ところが、マスクが当たり前になったことで、「マスクをしているから顔は見られない。表情なんて気にしなくていいや」と考えている人が増えている、というのです。

マスクをしていなければ表情はわからないはず、と思い込んでいるわけですが、実はそうではありません。「目は口ほどにモノを言う」という諺《ことわざ》ではありませんが、目がすべてを語ってしまっているのです。

マスクしているんだから印象なんて気にしなくていいや、という気の緩みが、表情そのものを硬くしてしまい、それが目にも出ている、ということです。しかし、周囲の人はその目から硬い表情を読み取ってしまっているのです。

リアルな対面コミュニケーションでは、基本的にマスクをつけますから、オンラインでのコミュニケーションに慣れてくると、むしろこちらのほうがコミュニケーションは難しいぞ、という思いを強くすることになりました。

表情が読み取れないので、その言葉をどういうニュアンスで言っているのか、つかむのが難しい。例えば、笑いながら言っているのであれば、ジョークっぽいニュアンス。少し厳しい表情で言っているのであれば、ネガティブなニュアンス。

同じ内容の話でも、相手が伝えたいニュアンスは微妙に異なったりします。それを表情で補うことで、正しい理解につなげていたのです。ところが、これができなくなった。

しかし、マナーの専門家に話を聞いてからは、目を見ればいいのだ、ということがわかりました。口元がマスクで隠れてしまっていても、目が本音を語っていたりする。だから、しっかり目を見て、そのコミュニケーションのニュアンスや本質を探っていくのです。

目と声だけでもニュアンスは伝えることができる

そしてもうひとつ、マナーの専門家に聞いたのが、声。表情は目に出てしまうと書きましたが、実は声にも出てしまうのだそうです。例えば、しかめっ面で発する声は、やはりしかめっ面の声なのです。

一方で、笑顔をマスクの下で浮かべながら発する声は、笑顔の声になる。これを「笑声《えごえ》」と呼ぶのだと教わりました。感じのいい、印象のいい発声は、この「笑声」を意識したほうがいいのだ、と。

そのためにも、マスクの下でしっかり表情を作る。笑顔を心がける。これが、目にも声にも出てくるのです。

天才ジョッキーと呼ばれる武豊《たけゆたか》さんとサイバーエージェント社長の藤田晋《ふじたすすむ》さんの対談取材の依頼を受けたのは、コロナが少し収まっている頃でした。対談中に撮影をすることもあり、武さんと藤田さんにはソーシャルディスタンスを大きく取ってマスクを外してもらいました。

私も距離を置きましたが、マスクはつけていました。ビッグネームの対談に、表情を見せずに進行しなければならなくなってしまったのです。

雑誌の対談企画はよくありますが、進行が私に委ねられたら、初対面の二人にお任せにすることはありません。質問を用意し、二人にぶつけ、それぞれのコメントについてどう思うかも聞いていく。そんなふうにして対談内容を深めていきます。

ビッグネームの対談では、言葉が連鎖して反応することも少なくないため、普段のインタビュー以上に、進行には気を使いますし、それだけ難易度は高い。


私が意識したのは、マスクをつけていないつもりでインタビューを進めることでした。それこそ、目と声だけでも、いろいろなニュアンスは伝えることができます。マスクの下でいつも通りの表情を浮かべて発信していく。

マスクをしつつも私が真正面から質問をしていくので、武さんも藤田さんも、きちんと私を見て対応してくださったのでした。担当編集者からも喜ばれ、とてもいい対談になりました。

マスクをしていても実は表情はわかる。ぜひ知っておいてほしいことです。

POINT 相手には見えないマスクの下でも、ちゃんと笑顔を作っておく

リアルな対面でもオンラインでも言葉ははっきり大きな声で

マスク着用時はいつもより大きく口を動かす

マスクをつけてのコミュニケーションでは、もうひとつ注意していることがあります。マスクをしていると、どうしても言葉がくぐもってしまう。だから、いつもより大きく口を動かして、はっきり発声していくことです。

私は早口なので、勢いよく言葉が飛び出してしまうことが少なくないのですが、それをぐっと押しとどめて、できるだけゆっくりしゃべることを心がけています。そうしないと、相手には聞き取りにくいからです。

そして、普段より少し大きめの声を出す。ボソボソしゃべっていたのでは、くぐもっていて、なんだかよくわからなくなるからです。これは私自身、マスクをすることが当たり前になっていく過程で、マスクをした人がどうなるのかを観察していてわかったことでした。

先に、「ああ、この対応はいいなぁ」と思ったことはどんどん真似をしよう、と書きましたが、逆に「ああ、これでは印象は悪くなるな」「なるほど、こうなると聞きにくいのか」「こういう挨拶はダメだな」といった真似をしてはいけないことも意識しておくようにしています。

それこそ私自身がインタビューを受けることもありますので、相手がどんな対応を見せると、こちらがどんな印象を持つのか、実体験をすることもできます。

一般の方にはそういう機会はないかもしれませんが、あらゆるコミュニケーションが学びの機会であることは、間違いありません。

「ああ、これをやっちゃダメだ」「こうすると印象が良くなるな」「こんな聞き方があるのか」などなど、アンテナを立てておくことです。

そして何かの気づきを得たら、必ずメモをしておく。ペンやノートが手元になくても、今はほとんどの時間、手にしているスマートフォンという便利なものがあります。そこにメモする。メモパッドでもいいし、メモアプリを使ってもいい。

私はメールの下書きにテーマごとにタイトルを入れて保存しておいたり、自分にメールしたりしてしまいます。そうすることで、メモになる。こんなふうにメモを取らなければ、いろんなことを忘れてしまいます。

詳しくは拙著『メモ活』（学研プラス）に書きましたが、なぜなら人間は、忘れるようにできているから。絶対に忘れてしまうのです。そしてメールでメモしていれば、検索もできる。いつまでも残すことができます。

オンラインではできるだけ短い質問を心がける

言葉をはっきりゆっくりと大きな声で、というのはオンラインでのコミュニケーションでも同じです。マイクを使っていたとしても、相手のパソコンやヘッドフォンからクリアな音が出るとは限りません。どうしても、リアルで対面しているような音質とはいかないのです。だから、いつもより口を大きめに開けてしゃべる。ボソボソしない。これだけでも、伝わる内容はもちろん、印象も大きく変わります。

また、質問や回答はできるだけ明快にしたほうがいい。ダラダラと長くしゃべっていると、聞きづらさも手伝ってオンラインではしんどくなることが少なくありません。できるだけ短い質問、短い回答を心がけることです。

もうひとつ、オンラインで難しいのは、会話がぶつかってしまうこと。さぁ話そうと思ったら、相手の発声とぶつかってしまうのは、よくあることです。しかし、相手からすれば、せっかく話そうと思ったのに、という印象を作ってしまう。

そこで意識すべきは、常に一呼吸置いてから話すことです。リアルな対面のコミュニケーションでは、沈黙は聞き手にとって恐怖になることもありますが、間《ま》が空いてしまっても、それほど気にならないのは、オンラインの特徴です。

なので、沈黙を恐れずに、一呼吸、置いてから話す。話そうと思ったとき、一拍置く、という感覚でもいいかもしれません。もし、それでも相手とぶつかってしまうときには、もう一拍置く。少し長めに間を空けることです。

オンラインでのコミュニケーションが始まったら、このタイミングをできるだけ早く見つけることです。そうすることで、円滑なコミュニケーションにつながっていくのです。

POINT
オンラインでは声が相手とぶつかるので一呼吸置く

非言語情報をしっかりと伝える意識を持つ

オンラインでは画面を引き気味にしておく

オンラインになると非言語の情報が少なくなるので、リアルな対面のようにはいかない、と先に書きましたが、実はこれは相手にとっても同じです。

こちらも、相手のノンバーバルな情報が少なくなってしまうわけですが、相手もこちらのノンバーバルな情報が少なくなる。

相手も、こちらがどんな反応をするのか、気にしながらしゃべっていることがほとんどです。となると、こちらの反応がうまく見えず、「あ、これはしゃべっていてもいいのかな」「なんだか納得してもらえていないみたいだな」などと思われてしまう危険性があるのです。

そこでやらないといけないことは、非言語情報をしっかりと伝える意識を持つこと。「これでいいんですよ」「いい話をいただいていますよ」というメッセージを、言葉を使わずして、しっかり発信していくことです。

最もシンプルな方法は、相づちや身振り手振りなどのジェスチャーをうまく使うこと。しかも、小さな画面に映るわけですから、リアルな対面よりも大きくリアクションしたほうがいい。それこそ、3割増しくらいを意識したほうがいいでしょう。

そうでなければ、相手にこちらの反応は伝わらないのです。「この話でいいのだろうか」という不安をもたらしかねないのです。

このとき、ひとつ大事なことがあります。多くの人が、何の意図があるのか、顔をかなりアップにしているのです。表情を見せたい、ということなのか、単にパソコンの設置場所のせいでそうなっているのか。

しかし、顔がアップになっていると、ジャスチャーは見えないのです。相づちは映りますが、顔のアップでは動きがよく見えない。

もちろん表情でリアクションすることは大事なことですが、表情で「いい話ですよ」「大丈夫ですよ」「どんどんしゃべってください」というメッセージを送ることは、なかなか難しいことはご想像いただけると思います。

では、どうすればいいのかというと、画面を引き気味にするのです。顔を小さくして、上半身がもっと入るようにする。そうすることで、相づちもはっきりわかりますし、身振り手振りのリアクションも画面に入るようになる。

顔のアップではできなかったメッセージを送ることができるようになるのです。


それこそ先に紹介した年間600回以上のオンライン講演をこなす専門家は、ビデオミキサーを使って、立った半身の映像をオンラインで映せるようにしていました。背景はクロマキー合成でCGのスタジオ画面。そしてパワーポイントのスライドがテレビのスタジオのように立っている姿の横に浮いている。

もちろん講演のための設定ですが、ミーティングやプレゼンテーションでも使っているそうです。理由はシンプルで、立っているほうが多くの情報を相手に伝えられるから。身振り手振りのメッセージを送れるからです。

相づちやジェスチャーはオーバーリアクションがちょうどいい

実はリアルな対面のコミュニケーションでも、相づちやジェスチャーが驚くほど足りない人がとても多い印象があります。

私自身、しゃべっていて、あまり反応がないので「あれ、聞いてるのかな?」と思ってしまうことも少なくありません。

「聞いてる?」と聞くと、聞いているという。そして相づちも打っているつもりだという。本人は頷いたり、反応したりしているつもりなのです。ところが、その反応はこちらにまったく伝わっていないのです。

相づちやジェスチャーが足りない、弱い人が少なくないということです。そもそもリアクションが足りないのです。

周囲を意識して眺めてみてください。実はそうした印象を持たれる人も少なくないはずです。そして逆に、きちんとリアクションできている人はとても好印象に映っていると思います。

いろいろなことを相談されたり、人が話しかけたくなったりする人というのは、おそらくそういう人だと思うのです。無意識のうちに、人はきちんとリアクションしてくれる人を選んでいるのです。つまり、きちんとリアクションできる人は評価が高まるということです。

余談ですが、講演をしていると壇上から話を聞いている人の姿は、びっくりするほどよく見えます。これは、壇上に上がった人しか意外に知らないことかもしれません。

そして中には、つまらなそうな顔をし、何のリアクションもない人がいるので、「ああ、申し訳ないな」と壇上から思うことがあります。

ところが講演が終わると、そういう人が「面白かったです」と笑顔で名刺交換に来たりするのです。決して珍しいパターンではありません。私からすれば、「え、めちゃくちゃつまらなそうに聞かれていましたよ」と言いたくなります。

このくらいリアクションというのは、実はできていない人が多いということです。人からは、リアクションができていない姿で見られている。それはとても残念なことなのです。

POINT
相づち、ジェスチャーは3割増しのオーバーリアクションでいい

クライアントと恐縮しないで話せる2つの心得

クライアントが求めている目標や目的を把握せよ

話を引き出したい。でも、無理に聞こうとして相手の機嫌を損ねてしまったら、元も子もない。どうしても、当たり障りのない話で終わってしまう……。インタビューもそうですが、とりわけセールスの場面では、こういうことが起こりやすいかもしれません。

クライアントなので、恐縮してしまう。しかし、実はセールスこそ恐縮する必要はない、ということを、私は優秀なセールスパーソンに同行していて学んだのでした。

私はリクルートで採用広告を作る仕事からキャリアを始めたのですが、広告は言うまでもなくクライアントから受注してビジネスが成立します。その受注を担っていたのが、営業担当者でした。

フリーランスになってからも広告の仕事をしていたので、本当にたくさんの営業担当者と同行したりすることになったのですが、なるほど優秀な営業というのは何が違うのか、このときに垣間見たのでした。
端的に言えば、クライアントに、ズバズバとモノ申していたのです。「こうしたほうがいい」「これはやらないほうがいい」「ここがダメ」……。営業というと、クライアントの言うことを聞いて、とにかく平身低頭、などということはまったくなかったのです。

なぜか。理由はシンプルで、営業担当者はクライアントの「目的」を理解していたからです。採用広告で人事部門が相手ですから、クライアントの目的とはずばり、採用を成功させること。その成功のためにこそ、自分たちは役に立てばいいし、役に立つことができるわけです。

いくらクライアントの言う通りに動き、恐縮し、平身低頭していたとしても、採用が成功しなければクライアントにとっては意味がありません。

ズバズバとモノ申されたとしても、結果的に採用が成功すれば、クライアントにはプラス。だから、モノ申す営業担当者にクライアントはむしろ信頼を寄せていたのです。

そして採用を成功させるためには、営業担当者はクライアントから広く聞き出せなければなりません。それこそ採用予算からゴールまで、共有していなければ目的達成までのパートナーになり得ない。だから、どんどん聞けるし、どんどん引き出せる。

逆に、「目的達成のためのパートナーになりますよ」という空気を醸し出せれば、クライアントは、自分たちから情報を提供していくでしょう。なぜなら、そのほうが目標達成する確率、成功確率は高まるからです。


そして、採用に限らず、セールスでは相手にも間違いなく利益があります。これは、B2B（法人向け）でも、B2C（個人向け）でも同じです。

クライアントも利益を手にする、ということを考えれば、恐縮することなどない。お互いが、ウインなのです。その利益を最大限にするためにどうすればいいか、というスタンスでコミュニケーションをしていけばいいのです。

クライアントと「隣に座る関係」を作る

もうひとつ、優れた営業とは、こういうことなのか、と気づきをもらったOA機器のトップセールスパーソンへの取材がありました。なぜ、これほどまでに結果が出せるのか、という私の質問に彼はこう答えました。クライアントではなく、クライアントのクライアントを見ているから、と。

彼はパソコンを売っていましたが、多くのケースで法人営業の窓口は総務担当者。しかし、彼が見ていたのは、その担当者の向こうにいる、本当のパソコンのユーザーでした。それは、その会社の社員です。

社員がより良い仕事をする環境を作るために、自分の仕事はある。そう考えていたのです。そしてこれ、実は総務担当者と目的が一致します。総務担当者の「クライアント」とは、実は自社の社員だからです。


彼は総務担当者に売り込んだり、恐縮したりすることはありませんでした。そうではなくて、社員のためにいい環境を作ることができる、ということだけをアピールしていったのです。総務担当者から見れば目的が同じであり、もっといえば総務担当者にとっても自分の実績を上げてくれるための仲間になるわけです。

そうすると、どうなるのかというと、「隣に座る関係」になるのです。対峙《たいじ》するのではなく、隣に座って同じ課題に向き合う同志になる。こうなれば、総務担当者は彼にどんどん意見を求めるし、どんどん情報も出していくことになる。

彼はどんどん話を引き出して、確実にニーズをつかみ、どんどんパソコンも売れていった、というわけなのです。

クライアントのクライアントに意識をめぐらせれば、自分のやっていることはクライアントのウインにつながることだと気づけます。だから、堂々を話を聞けばいいし、聞き出せばいいのです。

恐縮している場合ではありません。それではクライアントの課題解決にはつながらないのですから。引き出すことは、お役に立つことでもあるのですから、どんどん聞き、引き出していけばいいのです。それは、クライアントのプラスになるのです。

POINT

「クライアントのクライアント」に目を向ければ、クライアントにもプラス

コミュニケーションの全体を理解していると10倍話しやすくなる

目的が明確でない人に話は引き出せない

世間話などはせずに、いきなり本題に入っていけばいい、と書きましたが、コミュニケーションの冒頭では、ひとつ大事にしていることがあります。それは、「今日は何をしに来たのか」「目的は何か」「何をあなたに期待しているのか」をしっかり語る時間を作ることです。端的にいえば、「今日の目的」「企画の趣旨」「訪問理由」の説明です。これをしっかり語ることによって、相手にこちらの意図を伝えることができる。

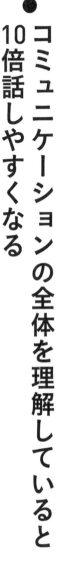

話を聞く目的が明確でない人に、そうそう話は引き出せないと私は思っているのです。何をしてほしいのか、どんな話を求めているのか、何を期待されているのか、相手がきちんとイメージできるからこそ、気持ち良く話をすることができる。言ってみれば、今日のコミュニケーションの全体像を、相手は理解できるのです。

実際、何を話していいかわからないのではなく、全体がちゃんと理解できていると、10倍は話しやすくなると感じています。

ですから、私はこれをやらないと、どうにも落ち着きません。インタビューを受ける側のときにも、どうにも座りが悪い。打ち合わせにしても、今日は何のために来ているのか、冒頭で全体像がわからないと気持ち良く議論に入れないのです。

ところが、意外にこれをやらない人が少なくない印象があります。アポイントを取っているので、企画書は出しているし、事前にコミュニケーションの目的はわかっているはずだ、さっさと本題に入ってしまえばいい、ということかもしれません。

しかし、もしかすると企画書は見ていないかもしれない。アポイントを取った秘書と、きちんとコミュニケーションができていないかもしれない。秘書は伝えたつもりでも、本人はよくわかっていないかもしれない。

実際、時間がなくて冒頭の説明がほとんどないままにインタビューが始まってから、「今日は何の取材だっけ？」という雰囲気を相手から感じたことがあります。すべてのコミュニケーションの相手が、確実に今日の目的を理解しているとは限らないし、事前に準備をしているとは限らないのです。

だから、冒頭でしっかり説明する。何を話してもらいたいのか、期待を伝える。先にも書きましたが、誰しもできることなら相手の期待には応えたいものです。サービス精神旺盛な人なら、なおさら。

それなのに、期待されていることが見えなかったとしたら、せっかく相手には気持ちがあっても、こちらがしっかり伝えなかったために、成果を得られないようなことが起こりかねないのです。

複数のメンバーで役割分担して話を引き出す

私の仕事のコミュニケーションは、ほとんどが取材のためですので、シンプルです。こんなメディアに、こんな目的の記事が出る。こんな話を求めている、といった話を冒頭で必ずします。

私は福山雅治《ふくやままさはる》さんに二度取材していますが、実はこの二度のインタビューは目的が大きく違いました。

週刊誌のグラビア取材でしたが、一度目はメインの読者層である60代、70代への応援メッセージ。二度目は、新しい読者層を獲得するための同世代である40代向けのメッセージ。内容がまったく違うものになったことは、言うまでもありません。そして取材の冒頭では、福山さんにこの目的について、しっかり説明しました。

一人で取材に行くときは別ですが、編集者が同行するときには、概要の説明は「前振りはお願いします」と編集者に委ねています。それだけで足りなければ、編集者の説明のあとに、私が補足することもあります。

こんなふうに、役割分担をうまく使うのも、有効かもしれません。冒頭説明をする役、引き受けてインタビューをする役。もっと人数がいるのであれば、合いの手を入れる役、ここぞと斬り込む役、などなど。

複数の人間でお邪魔した場合は、じっと押し黙って何もしていない人がいるのは、意外に場の空気を重くします。多くのケースで、笑ったり、頷いたり、と場を盛り上げてくれる人がほとんどですが、何か役割を持っていると、話す側からも印象がいいと思います。

メンバーで役割分担をして、目的の達成に挑む。ひとつの方法です。オンラインの場合は、とりわけ有効だと思います。オンラインで何も発言しない場合は、ちょっと不思議な存在になってしまうので、役割を冒頭の挨拶のときに伝えるといいと思います。

POINT　コミュニケーションの始まりに、「目的」を必ず伝える

ご法度《はっと》な質問の線引き

外見に関する質問は細心の注意を払う

コミュニケーションの基本的な心構えとして、リアルな対面でもオンラインでも大事なことがあると思っています。それは、聞いてはいけない質問がある、ということです。

特に聞かなければいけないわけでもないのに、聞いてはいけない質問をしてしまって、そのまま気まずい雰囲気になってしまった。そういうことが起こりえます。しかも、何気なく聞いた一言で、これが引き起こされることもあるだけに要注意です。

端的にいえば、聞かれる側が気にしているかもしれないと思えることは、聞くのは避けたほうがいい、ということ。代表的なものとして挙げられるのは、見た目に関することでしょう。

「それ、素敵ですね」と褒められることは基本的にはうれしいものだろう、という考え方もあるのかもしれません。しかし、その人をよく知っている親しい人から褒められるのと、それほどよく知らない人に言われるのとでは、まるで印象は異なるということに注意が必要です。

例えば、あるブランドの靴を履いている人がいるとしましょう。素敵な靴であることは間違いない。しかし、この人がどんな意図をもってその靴を履いているのかは、その人に聞いてみないと実はわからないのです。

履き心地をとにかく重視していて、この靴が自分に合っているから選んでいる、という人もいるかもしれない。もしかしたら、ブランドはまったく気にしていないかもしれない。

一方で、このブランドが好きで、たまたま見つけた靴だったから履いている、という人もいます。ただそのブランドが好きなだけです。

こんな中で、違う角度から褒めてしまったとしたらどうなるか。履き心地で選んだ人に、「そのブランド、素敵ですよね？」などと言ってしまったらどうなるか。「いや、別にそんなものは気にしていない。履き心地で選んだのだ。よくわかっていない人間が何を言うか」などということになりかねないわけです。

これは自分の身に置き換えてみるといいと思います。それほど親しくもない人から、洋服や見た目について何かを言われて、どんな印象を持つか。実は意外に、違和感があったりしないでしょうか。

それを想像してみたら、洋服や身につけるもの、さらには外見に関わることは質問しないほうがいいのではないか、ということに気づけます。外見に関する質問は、何気なく簡単にできてしまえるからこそ、気をつけなければいけないと思っています。

オンラインでもデリケートな質問は避けるのが無難

私は基本的に、自分なら聞かれたくないことは聞かない、ということをポリシーにしています。外見に関わることや身体的なこともそうですが、例えば初対面の人に家族について聞かれて、すらすらと答えられるかどうか。私自身はちょっと考えてしまいます。もちろん、他のメディアのインタビューやSNSなどで家族情報を思い切りオープンにしている人だったりすれば、問題はないかもしれません。

リアルな対面のコミュニケーションであれば、ノンバーバルも合わせて空気感を醸し出せます。ちょっと聞きにくい質問も、くだけた雰囲気になってきて、ちょっと聞いてもいいかな、というタイミングのときに思い切って聞いてしまう、というのもあるでしょう。

それこそ先に紹介した、大企業の社長に「どうやったら社長になれますか」などという質問も、インタビューが終わってリラックスして、撮影の合間だから聞けるのです。ICレコーダーも止まっていますし、まわりには部下もいない。そんなタイミングを見計らって、小声でこっそり聞いているのです。

その意味で、オンラインでのデリケートな質問は本当に難しいと思います。かなり注意しないといけない。それこそ、オンラインでのコミュニケーションの始まりのタイミングで、相手に聞くべきではない質問をしてしまったりすると、その後の場の空気は極めて厳しくなる可能性がある。


「これは自分が聞かれたらどうか」ということは慎重に考えたほうがいいと思います。もちろん、あまりに萎縮して、ありきたりな質問ばかりしていたのでは、引き出すものも引き出せません。

では、どうするのか。次章から具体的に語っていきましょう。

POINT 外見に関わる質問はしないほうがいい

第4章

引き出す力を身につける

実践編 Part2

「引き出す力」を
左右する質問を生み出し、
構成する力

即興で話を引き出す難しさ

何を質問するかを相手に伝えておくのがベスト

話を引き出すために大事なこと。もちろんインタビューで私もやっていることですが、事前に質問を考えておくことです。何を聞くかをしっかり考えているので、コミュニケーションの最中にも慌てることはありません。

会話が止まってしまったらどうしよう、沈黙が生じてしまったらどうしよう、何もしゃべってもらえなかったらどうしよう、といった不安も、事前に質問を考えておけば少しは払拭できます。

それこそ私の場合は、どんな質問をするのかをインタビューの前に相手に提示するようにしています。そうすることで、相手は何を聞かれるのかがわかります。

どのタイミングでどんな話をすればいいかもイメージできる。したい話があったとしたら、この質問のときにすればいいんだな、ということもわかります。さらに先にも触れたように、お互いの時間をコントロールするのにも役に立ちます。
これはインタビューに限らず、大事なことだと思います。セールスしかり、上司と部下とのコミュニケーションしかり、どんなことを聞くのかは、事前に準備しておいたほうがいい。

事前の準備をやらないと、どういうことが起きかねないかというと、その場で思いついた質問をしていくことになります。これはなかなかハードルが高い。短時間のコミュニケーションならそれでもいいかもしれませんが、30分、1時間とまとまった時間となると、そうそう体系立った質問は続けられないと思います。

相手の言葉に反応してコミュニケーションを続けていくというのもひとつの方法ですが、それではどうしても話があっちこっちに飛んでしまう。最終的に聞きたい話に帰結できなかったりするリスクがあります。

そして私自身もインタビューを受ける側として経験があるのですが、話があっちこっちに飛んでいくと、答える側もかなり大変なのです。子どもの頃の話をしていたかと思うと、いきなり今の話に戻り、今度は新入社員時代の話から、学生時代の話に飛び……。

言葉尻をつかむと、こういうことも起きかねませんが、これでは深い話を引き出すことは難しいと思います。会議やミーティングも同じだと思いますが、話をあっちこっちに飛ばさないためにも事前にしっかり聞くべきことを用意しておく。大事なことです。

その場でどんなことでも答えられる人は少ない

また、できれば相手に「こんなことを聞きたい」ということを伝えておいたほうがいいと私は思っています。

事前に質問を出しておくと、答えを準備してしまうので、大した話は引き出せないのではないか、と思われる方もいるかもしれませんが、私はそうは思いません。実際、私はこのスタイルで長くインタビューの仕事をして、いろいろな話を引き出してきました。

たしかに事前に伝えておくと、答えを準備されてしまうのかもしれませんが、ならばそれをさらに深掘りして聞いていけばいいのです。

準備された答えだけをそのまま受け取ってしまったら、もしかすると大した話は聞けなかった、ということになるかもしれません。しかし、事前に出した質問に答えてもらうだけならメールで文章を戻してもらえばいいだけの話。

せっかくコミュニケーションをするわけですから、もらった答えに反応していく。このあと詳しく書いていきますが、実はこれこそが、コミュニケーションの醍醐味《だいごみ》であり、引き出す力のキモになります。

では逆に事前に準備をしてもらっていないと、どうなるか。その場で答えを見つけてもらうことになります。これはなかなか大変なことです。そこに時間がかかってしまい、さらに深掘りするところまで話を持っていけない可能性も出てくるのです。

ある程度、話すことを考えてもらっておいてから聞くのと、まったく何も考えていないところから聞くのとでは、さてどちらがスムーズなコミュニケーションが始められるか、ご想像いただけると思います。

引き出す力は、コミュニケーションが始まる前から、始まっているのです。

POINT　事前に質問を用意しておく。それを相手にも伝えておく

質問を作り過ぎてしまうとうまく引き出せない

ひとつの質問に2分では深い話はできない

質問を事前に考える大切さはよくわかっている。なんとか話を聞きたい。いい話を引き出したい。途中で質問が思い浮かばなかったら困る……。

いろいろな理由があるのだと思いますが、質問は考えるものの、それをめぐって大きな失敗をしてしまう人がいます。あらかじめ質問を作り過ぎてしまうのです。

これはインタビューを受ける側として、駆け出しの若いライターの方から取材されたときに教わったことでした。

同業者、しかも私のようなベテランに取材するというのは、とてもやりにくかったと思いますが、その方から送られてきた質問リストを見て私はびっくりしました。おそらく30か、40ほどはあったのではないかと思います。

インタビューの予定時間は1時間。単純に計算すればわかりますが、30の質問があったら、ひとつのやりとりには2分しかないことになります。わずか2分で、さて深い話ができるかどうか。

もちろん、取材する側には悪気はなかったと思います。私から話を引き出そうと一生懸命、質問を考えてくださった。まだ経験が浅く、質問はたくさんあったほうがいいとお考えになったのでしょう。

しかし、ひとつ2分で答えられそうにない質問もあります。そのまま進めてしまうとまず時間内には終わりそうにない。結果的に、聞きたいことが聞けずに原稿が作れない、なんてことになってては申し訳ない。

そこで私はたくさんある質問を眺めて、ポイントになりそうなものだけをチョイスし、インタビュー時に「このマーカーを引いたところだけをちゃんと聞いてくだされば、記事はできると思うのですが、いかがですか」と提案をしました。

インタビューは無事に終わり、お礼を言われました。質問を考えることは大切ですが、ひとつ2分では深い話はできないこと、答える側も大変であることを伝えました。その後のその方のキャリアに少しでもお役に立てていたなら、と思っています。

1時間のインタビューで質問は6つほど

その後、ここまでの数はなかなかなくとも、多くの人、同業者を含めてですが、実は質問をたくさん考え過ぎてしまっているということを知りました。そして私自身は、用意している質問の数が極めて少なかったのだということにも気づいていきます。

例えば先にも少し触れていますが、1時間のインタビューなら、私が考える質問はせいぜい6つほどです。6つなら、ひとつの質問に対して10分ほどコミュニケーションできる計算になります。

質問をして、「おお、それは素晴らしい」と思える回答がスパッと引き出せることはそうそうありません。だから、戻ってきた答えに対して、その場で質問を繰り出していくのです。

「今おっしゃった◯◯というのは、どういうものでしょうか」

「どうしてそのときに、そうお考えになったんでしょう?」

「そもそもその決断をなさったのは、どういう理由からだったのでしょうか?」

戻ってきた答えに対して、その答えの裏側の事情について質問していくのです。そうすることで、答えの真意がより深く理解できます。なぜその答えが出てきたのか、引き出すことができるのです。戻ってきた答えをそのままにしておくと、こうはいきません。

最初から、戻ってきた答えに対して、そのままにして用意してきた次の質問に移る、というつもりは私の中にはありません。質問も6つしかないわけですから、コミュニケーションの相手もそう考えているはずです。

だから、戻ってきた答えにとにかく集中し、次にどんな質問を続けられるかを考えながら聞いていくのです。そうすることで、答えが終わったあとに、パッと次の質問に移れる。

聞きながらメモを取るとき、浮かんだ質問をノートの端っこに書いておく、ということも有効な方法だと思います（私もよくやります）。

そしてもうひとつは、提出してある6つの質問のそれぞれについて、その後のコミュニケーションを深めていくにあたってキーワードになりそうなものをあらかじめ準備しておくのです。多くのケースで2つか3つ。

私はこれを「枝葉の質問」と呼んでいます。6つの質問は「幹の質問」。本質的な質問であり、抽象的な質問。それに対して「枝葉の質問」はそれに付随した具体的な質問であり、キーワードです。

この両方を準備しておくことで、12から13ほどの質問が用意できていることになります。

これだけあれば、質問に困ったり、沈黙が続いたりすることはまずありません。

もちろん「幹の質問」で戻ってきた相手の回答に反応して質問も繰り出すわけですが、そこで「枝葉の質問」も使うことができる。もし、うまく会話が進んで話が引き出せるようなら、「枝葉の質問」は無理に使わなければいいわけです。

幹と枝葉の発想があれば、質問を作り過ぎることも防げる。意識してみてもらえたらと思います。

POINT

「幹の質問」と「枝葉の質問」を用意しておくといい

「幹の質問」と「枝葉の質問」の例
クライアントの要望を引き出す

枝葉の質問	幹の質問	枝葉の質問
メディアでしょうか？	どちらで、このサービスをお知りになったのでしょうか？	ソリューション事例をお知りになったのでしょうか？
今、どんな課題をお持ちですか？	なぜ、このサービスに関心を持たれたのですか？	それはどのように見つけられたのでしょうか？
どのようなソリューションを求めていますか？	課題をどう解決していくのが理想でしょうか？	このサービスにどんな期待をされていますか？
競合に比べて、どんな点をご評価いただけたのでしょうか？	競合を検討されていますか？	決め手となるのは、どんなことになりますか？
なぜ、その期間なのでしょうか？	いつまでのソリューションをご想定ですか？	どちらの事業所から先にする、などありますか？
どのくらいの予算をご想定ですか？	最も重視される要素はどんなことですか？	遂行にあたってのネックはどんなものが想定されますか？

「幹の質問」と「枝葉の質問」の例
新しい上司や仲間を知る、話を引き出す

枝葉の質問	幹の質問	枝葉の質問
生まれはどちらですか？	**なぜこの会社に入ったのですか?**	学校ではどんなことを学びましたか？
どの部署に配属されましたか？	**どんなキャリアを歩んでこられましたか?**	どんな仕事をしてきましたか？
大きな成果と感じていることは何ですか？	**印象に残っているプロジェクトや仕事はどんなものですか?**	どうしてその仕事が印象に残っていますか？
どんなときが、最もうれしいですか？	**仕事の醍醐味をどんなときに感じますか?**	どんなときが、最も楽しいですか？
なぜ印象に残ったのですか？	**印象に残っている上司や仲間はいますか?**	どんな人を目標にしたいですか？
どんなビジネスパーソンになりたいですか？	**これからどんなキャリアを築いていきたいですか?**	何を仕事の価値としたいですか？

いきなり難しい質問をしては、なめらかに始まらない

ファクトや年号、数字から聞いていく

事前に考えておく「幹の質問」を6つほど、と書きましたが、数のほかにも気をつけていることがあります。それは、答えやすい質問から、だんだん抽象化していくことです。それこそ最もやってはいけないのは、とんでもなく難しい質問を最初に聞いてしまうこと。例えば、

「あなたにとって人生とは？」

このテーマで話を聞きにきたのかもしれませんが、のっけからこんな話を聞かれて、スラスラ話ができる人はそんなにいないと思います。

また、事前に質問を投げかけておいたとしても、人生にまつわるいろいろな話をして最後にこの質問に答えるのと、何も会話を交わしていないタイミングで答えるのとでは、さてどちらが話しやすいか。含蓄ある、深い話が聞けそうか。

とりわけ初対面で会った場合は、お互いの間にまだ信頼関係ができていません。「この人にいろいろな話をして大丈夫なのか」という緊張感も漂っている。そんな中で、最初の質問に「え、こんなことをいきなり聞くのか」というものを持っていってしまうと、なかなか答えにくいはずです。

しかも、コミュニケーションの第一声です。相手も、悪い印象は作りたくない。答えやすい質問に、スラスラ答えることができたほうが、舌もなめらかになります。いい話を引き出していくことができる可能性も高まる。

私はもともとリクルートで人材採用広告を作っていました。その流れで経営トップのインタビュー記事なども作るようになったのですが、一時期は多くの経営トップに自身のキャリアや仕事観についての話を聞きに行っていました。

経営トップにまで上り詰めたり、起業家として成功したりした人たちへのインタビューで、最終的には、どうすれば仕事で結果が出せるのか、できるリーダーの条件は何か、といった話を聞きたいケースがほとんどでしたが、そういう話にはいきなり入りませんでした。

なぜなら、抽象的な話になることが多いからです。しかしそれは、経験や事実の裏付けがあってこそ、生きてくる話なのです。

だから心がけていたのは、ファクトから入ることです。事実や年号、数字です。例えば、「どうしてこの会社に入られたのですか?」

これは、社長本人にとっては過去のファクトです。思い出してもらえたら、語れる話です。話をするのに、淀《よど》んでしまったり、戸惑ってしまったりすることはまずないでしょう。そこから、だんだんと抽象的な話に持っていきます。

「新入社員の頃は、どんな意識で仕事をされていましたか」
「あのときに結果を出せたのは、なぜだったのでしょうか?」
「リーダーになることを意識されたのは、いつ頃からですか?」
「マネジメントをする上ではどんなことを心がけておられましたか?」

ここまでしっかり聞いておいてから、

「どうすれば仕事で結果が出せるとお考えですか?」

「できるリーダーの条件はどのようなものですか？」

といったさらに抽象的な質問に展開していく。

どうでしょうか。いきなり核心をついた質問をするよりも、次第にそこに近づいていく展開にしたほうが、相手も答えやすいはずです。抽象的な質問への答えにも、自らの経験の裏付けを生かしていくこともできます。

そして話をあっちこっちに飛ばさないように、流れを作っておきます。このケースであれば、時系列にしておく。そうすることで相手が話しながら混乱することも防ぐことができます。

会話を「温めて」から核心に向かっていく

事前に社長についての記事があったり、ウェブサイトに情報があるなら、それぞれの質問の下に「枝葉の質問」としてキーワードを置いておきます。

戻ってきた答えにまた質問をかぶせていくことになりますが、もしそのキーワードが会話の中で出てこなければ、それを取り出して振っていく。そうすることで、そのキーワードに紐付《ひもづ》いたエピソードについても語ってもらうことができます。

いずれにしても注意しなければいけないのは、いきなり核心をすんなりしゃべれる人はいない、ということです。そこまでに会話を「温めて」おかないといけない。そのために、いろいろな角度から質問していくことが大事になるのです。

POINT

最初は答えやすい質問、だんだん抽象的な質問へ

具体的過ぎる質問ばかりでは会話が広がらない

抽象的な質問のほうが相手は語りやすい

社長インタビューで例に挙げた質問を見て、ずいぶん抽象的だな、と思われた方も多いかもしれません。

「新入社員の頃は、どんな意識で仕事をされていましたか」
「あのときに結果を出せたのは、なぜだったのでしょうか?」
「リーダーになることを意識されたのは、いつ頃からですか?」
「マネジメントをする上ではどんなことを心がけておられましたか?」

実は私は、事前に用意する質問はあえて抽象的なものを考えるようにしています。そしてそれをぶつけていく。

インタビューの導入ではファクトに基づいた質問などにお答えいただくのですが、徐々にその経験により培われた仕事観といった抽象的な話題に移っていきます。

理由のひとつは、そのほうが相手が語りやすいからです。いろいろな答え方ができる。答えを制限せずに、広がりが期待できるからです。思ってもみない意外な答えが出てくるかもしれない。そうすれば、次の質問にもつなぎやすくなる。面白い話を引き出せるチャンスも高まると思っているのです。

抽象的な質問と正反対にあるのが、具体的過ぎる質問です。

「新入社員の頃は茨城工場に配属されていましたが、いきなり社長賞のプロジェクトに加わりますね？」

この質問だと、回答はかなり限定されてしまいます。もちろん聞き手がこのプロジェクトの話だけを聞きたいのであれば、それでいいのかもしれませんが、逆に言えば、もっと他に面白い話があるかもしれないのに、その話はできない質問です。

もっと言ってしまうと、質問が具体的になればなるほど、実は相手は「イエス」「ノー」で答えることができてしまうのです。この場合も、

「はい。そうですね」

で終わってしまう可能性がある。これでは会話が続きません。具体的過ぎる質問は「イエ

ス」「ノー」で終わってしまうリスクがあるのです。

もちろん、茨城のプロジェクトの話は出てきてもかまわない。しかし、他の話もあるかもしれない中で、あえてこの話だけにフォーカスして聞く必要はない。

まずはもっと抽象的で広く答えられる質問を「幹の質問」として用意しておくのです。そして「枝葉の質問」として茨城のプロジェクトをキーワードとして持っておく。そうすることで「イエス」「ノー」だけで終わってしまうことが避けられ、かつまた茨城のプロジェクトについても聞くことができるのです。

「イエス」「ノー」で終わる質問はコミュニケーションを活性化しない

その意味でも重要になるのは、相手についてしっかり調べておくこと。そうすれば、「枝葉の質問」をしっかり用意しておくことができます。

また、「枝葉の質問」を繰り出すことで、「おお、そこまで調べてくれているんですね」という相手からの信頼感にもつながっていきます。

しかし、調べてわかったことだけを聞くのでは、新しいことを引き出したことにはなりません。相手も、「ああ、この話を期待しているのか。じゃあ、この話をしよう」ということになってしまいかねない。

もしかすると、まだ聞いていないことがあるかもしれない。もっと面白いエピソードがあるかもしれない。だから、具体的過ぎる質問ばかりではなく、あえてだんだん抽象的な質問をしていくほうがいいと思うのです。

「イエス」「ノー」で終わってしまう質問をすると、コミュニケーションは活性化しません。そのためには、質問のやり方を考えたほうがいい。実は抽象的な質問のほうが、答えに広がりを期待できるのです。

POINT

「イエス」「ノー」で返せる質問はしない

「聞く側」「聞かれる側」という対立関係にならない方法

できるだけ相手の真正面には座らない

共感する関係性を作るためにも、心がけていたテクニカルなことがひとつあります。それは、できるだけ真正面には座らない、ということです。

真正面に座ると、どうしても「聞く側」「聞かれる側」という対立関係の構図を作ってしまいかねないと私は感じています。これが緊張感を生み出し、ともすれば敵対的な雰囲気すら作ってしまう可能性がある。

なので、できるだけ真正面は避ける。ほんのわずか角度をずらすだけでも、印象はまるで変わってきます。もし、ソファや椅子が真正面にならざるを得ないときは、座るときにほんのわずかに左に身体を向けて斜めに座ります。これだけでも印象が変わります。

イメージとしては、インタビューする相手と等距離に読者を想定して、そこに向かって話をしていく、という空気感を作っていくことでしょうか。それこそ「共感」してもらって、一緒に読者に向かって話をしていく感じ。

私自身に話してもらっているというより、読者に向かって話をしてもらう。そんな雰囲気にすることで、より話しやすくなる。そんなふうに考えていました。


ヒントになったのは、意外にインタビューがうまくいく場所として、走行中の車の中があったことです。ドライバーの方が運転する社用車などで、後部座席に経営トップと並んで話を聞く。これが、相手にはかなりリラックスした状況を作ることに気がついたのでした。

最初は面と向かってインタビューをしていて、途中で移動しなければならないからと続きは車中でのインタビューになったのですが、とてもうまくいったのです。なるほど、正面から向き合わないというだけで、話がしやすくなるのだと気づいたのでした。

余談ですが、昔は男女のデートで人気のものにドライブがありました。真正面に座るのではなく、隣に座ることによってリラックスでき、よりコミュニケーションが活性化していった、ということもあったのかもしれません。

最近は若い人たちのクルマ離れを耳にしますので、あまりドライブは人気ではないのかもしれませんが、リラックスしたコミュニケーションをしていくという意味では、今もドライブは効果があるのではないかと思います。

極度にかしこまらない

もうひとつ、共感する関係性を作るために大事にしているのが、かしこまり過ぎない、ということです。とりわけ初対面の人、目上の人に対しては、丁寧なほうがいいだろうと、多くの人が極度にかしこまってしまう印象があります。しかし、かしこまり過ぎてはいい関係性は作れないのです。

もちろん、失礼な態度を取ってしまうことは問題ですが、かしこまり過ぎてしまうのも問題。これでは相手はリラックスして話せないし、ウインウインで共感するという空気感も作れない。

私は著名な人たちにもたくさんインタビューしていますが、相手は「かしこまってほしい」などとまったく思っていないのではないか、ということに次第に気づいていきました。もちろん社会的なポジションに、こちらは恐縮してしまうわけですが、実はそれを多くの相手は求めていない、ということです。

むしろ、普通の人に接するようにリラックスして話しかけてしまったほうが、一気に距離感を縮めてくれるのではないかと思います。相手もリラックスして、話をしてくれるようになるのです。

例えば、印象的なところでは大学の学長へのインタビューがあります。明治大学の学長だった土屋《つちや》恵一郎《けいいちろう》さんに取材したことがあるのですが、やはりさすが学長、迫力は十分でした。学長室もインパクトがありましたし、社会的なポジションを考えても、ついついかしこまってしまうような役職です。しかし、私はあえて失礼にならない程度にフランクに努めました。かしこまらないよう意識したのです。

それもあってか、学長もとてもフランクに答えてくださったのでした。詳しくは、拙著『あの明治大学が、なぜ女子高生が選ぶＮＯ．１大学になったのか？』（東洋経済新報社）にありますが、「社会共生学部というのを創ろうとしましたけど、つぶされました」「（キャンパス移転は）移らなかったんじゃなくて、（学内の反対で）移れなかったんです」など、「え、こんなことを学長が言うの？」という言葉を次々に引き出すことができたのでした。

その後、食事に誘っていただくなど親しくさせていただき、週刊誌の『ＡＥＲＡ』（朝日新聞出版）のノンフィクションページ「現代の肖像」にも登場してもらったのでした。

POINT 真正面ではなく、隣に座っているイメージでコミュニケーションする

目線は相手の目と目の間に

目線をぶつけ過ぎずキョロキョロしない

リアルな対面のコミュニケーションの悩みとして、目線をどうすればいいのか、という質問を受けたことがあります。

目線はたしかにやっかいです。相手の目を見てコミュニケーションをすることは、とても大事なことであるのは間違いないことでしょう。コミュニケーションの基本といえるかもしれません。

私もインタビュー中は相手の目や顔をしっかり見ることを心がけています。しかし、長時間まともに相手から見つめられ続けると、思わずそらしてしまった、という人もいるのではないでしょうか。

こちらにはそのつもりはなかったとしても、じっと相手と目を合わせ続けていると、疲れてしまうし、なんだかにらみつけているようにも映りかねないのです。

一方で、目線がキョロキョロとさまよってしまう人と会話をしていると、残念ながら心地よいものではない。下手をすれば、挙動不審な人にすら思われてしまいかねない。目線の動きだけで、印象を大きく悪化させてしまう危険があるのです。

そこで私が意識していることが2つあります。ひとつは、目を見据え過ぎないように、ほんのちょっとだけ視線をずらすことです。これは、取材で教わったことでしたが、目を見るのではなく、目と目の間を見るのです。

そうすることで、目と目を合わせてコミュニケーションしているけれど、目線をぶつけ過ぎずに済むのです。

そしてもうひとつが、視線を外すときに移す場所を決めておくことです。じっと目を見ているとお互いの緊張感が高まってしまいかねませんから、ときどき視線を外したほうがいいのですが、その場所を決めておくのです。

メモを取るノートの上か、相手のソファの向こうにある絵か、右側の窓の風景か。せいぜい数カ所に定めておくことで、目線があちこちに飛ぶことを防いでくれる。キョロキョロしている感じがしないのです。

実はこの気づきをもらったのは、実際にインタビューをさせてもらっている一流の人たちがどうしているか、でした。目線がキョロキョロしている人はまずいないし、じっとこちらに目を見据え続けている人もいない。なるほどこんなふうにして、目線を整えているのか、と学びを得たのでした。

ここでも、うまくやっている人を参考にしたのです。まわりには、実はお手本はたくさんあります。それを意識して眺めてみることです。

オンラインではカメラのちょっと下を見つめる

オンラインの場合も、目線は印象を左右する大きなポイントになります。画面上からせっかく相手が話をしているのに、こちらがそっぽを向いてしまっているのでは、興ざめになってしまいます。

また、どこに視線を置けばいいのか、とキョロキョロと視線をさまよわせているのも、印象は良くない。一方で、ばっちりなカメラ目線というのも意外としんどいものです。

ひとつのポイントは、カメラの位置を確認して、カメラのちょっと下を見つめることです。こうすることで、正面をしっかり向いているけれど、完全なカメラ目線にならずに済みます。

もうひとつは、あまり気にせず画面上の話者を見つめてしまうことです。実は私はデスクトップパソコンのカメラがかなり上のほうにあるので、見上げるような形になってしまうため、こちらを選択しています。

コミュニケーションの相手が一人なら、その方に向いて話をしますし、複数いるのであれば、複数の人が出てくる画面にしておいて、しゃべる方に向いてコミュニケーションをしています。これで特に違和感はないようです。

ひとつ注意が必要なのは、オンラインでカメラに映りながら、パソコン上で別の書類を見ているときには、顔がパソコンに寄り、明らかに目線が外れること。場合によっては、妙な顔の表情になってしまったりすることです。

これを避けたいので、私はオンラインコミュニケーションのときには、書類は出力して手元に置くようにしています。メモも手元のノートで手書きで取ります。

アプリによっては、自分の姿を映し出せるものもあります。しゃべっているとき、自分がどんなふうに見えているのか、チェックするのもひとつの学びになります。

POINT 目線を向ける場所を、最初にいくつか決めておくといい

話が長い人や聞きたくない話が長引くときの対処法

しゃべらない人よりも、しゃべり過ぎる人のほうが大変

インタビューするとき、どんな人が難しいですか、というのはよくされる質問です。しゃべってもらうことが仕事ですから、なかなかしゃべってくれない人、口が重い人はたしかに大変ではあるのですが、実は逆もしかり、だったりします。しゃべり過ぎる人です。

時間がいくらでもあるのなら別ですが、約束でもらっている時間は1時間。なのに、ノンストップでしゃべり倒されてしまったりしたら、これは大変です。

しかも、その話がインタビューのテーマとまったく関係ない話だったり、求める話と大きくズレてしまっていたりしたら、もう気持ちが焦るばかり、ということになります。

著名人のインタビューでは、ご本人たちも忙しいですから、さすがにあまりこういうことはないのですが、私が強烈に覚えているのは、リクルートで社員として仕事をしていた時代

の中小企業の経営者のインタビューでした。

採用広告を作るにあたり、会社に取材に行くことはよくあること。会社についてわからなければ、採用広告を作ることはできません。そこで、社長にアポイントを取る。営業担当者としても、経営トップと直接、顔を合わせることができるチャンスでもあります。

ただ、経営者ですから、会社についての話はどうしても熱を帯びます。また、採用広告ということで、話したいことは山盛りある。おまけに社長が自分のことも知ってほしい、ということになると、1時間ではとても話は終わりません。


広告制作の担当者としては、時間内にコンパクトに会社についての魅力を引き出したいわけです。ひとつの話が長くなってしまうと、時間内に多くの魅力を引き出せない。

しかし、気持ちよく語ってもらっているのを「時間がありませんので、手短に」などと遮ってしまうのも、興ざめです。そもそも、当時は私も若かったので、年配の経営者に対して、なかなか口をはさむようなことはできませんでした。

そこで偶然、見つけることになった、とっておきの方法があります。社長の話が止まらないとき、スーッと右手を上げてしまうのです。

気持ち良くしゃべっているとき、しゃべり、つまり聴覚で邪魔をされたら、あまり気持ちのいいものではないと思います。

ところが、視覚でなら、必ずしもそうはならない。するすると上がった手を見て、「ん？」と一瞬、話が止まります。そこですかさず、「先ほどの話、ひとつはいただきましたが、もうひとつ、ないでしょうか？」などと、元の話に戻してしまうのです。

話している相手に、聴覚で気づいてもらうのは大変。ならば、視覚で気づいてもらえばいいのです。しかも、これなら相手は一瞬、ハッとするのか、空気がおかしなふうになることはない。「ああ、違う話がしたいのか」と気づいてもらえる印象です。

他にも、懸命に取っていたノートを取るのをやめて、顔を上げっぱなしにしてしまう、という方法もあります。今されている話には、私の関心はないですよ、というメッセージ。これを、メモを取る手を止めることで、相手に送るのです。

無口な人は話以外でいろいろなシグナルを発している

話が長い人以外でも、やっかいなコミュニケーション相手になってしまう人がいます。無口な人もそうですが、実は無口な人はしゃべる以外で、いろいろなシグナルを発していたりします。

目線だったり、口元の動きだったり、首の動きだったり。したい話なのか、したくない話なのかが、こうしたシグナルから見えてきたりします。大事なことは、まずはしゃべりたい話をしてもらうこと。しゃべってもいい相手なのだ、と認識をしてもらうためです。

そのためには、急いではいけません。相手のペースに合わせる。無口な人は沈黙にも慣れていますから、慌てることはありません。

実は、話したいことをたくさん持っている無口な人も多いのです。しかし、アウトプットに時間がかかる。高性能ゆえに、出力するのに時間がかかるプリンタのようなものです。だから、慌てない。アウトプットに慣れるよう、質問により多くの情報を盛り込んでいく、というのもひとつの方法です。それこそ、まずはイエス、ノーだけでも反応してもらう。そこから次第に、しゃべってもらう質問へと切り替えていく。そうすることで、だんだんと反応が早くなっていったりすることが少なくありません。

無口な人とのコミュニケーションは、とにかく慌てないことです。

POINT
話の長い人には、スーッと右手を上げてしまうといい

質問が次々に浮かんでくるコツ

常に「5W2H」で質問を発想してみる

質問を考えるとき、いつも頭に入れていることがあります。「5W2H」です。

・いつ（When）
・どこで（Where）
・誰が（Who）
・何を（What）
・なぜ（Why）
・どのように（How）
・いくら（How much）

何かのエピソードを理解しようとするとき、この7つの要素を聞くことによって、立体的にイメージすることができます。逆にいえば、立体的にイメージするには、これをしっかり聞いておかないといけないということです。

そしてこれは、質問をして戻ってきた答えに対して反応するときにも、生かしています。セールスの場面などで、事前に質問を用意しておかなかった場合にも有効に使えるはずです。例えば、営業先から急にニーズを聞く機会を得た。今入れている製品からの切り替えを考えているという。

こういうときは、何を聞けばいいんだろうと身構える前に、「5W2H」で発想してみるのです。

- **いつ**
  - 「いつ導入されたのですか？」
  - 「いつ頃の切り替えをお考えですか？」
- **どこ**
  - 「どこから、導入されましたか？」
  - 「どこにある会社ですか？」
- **誰**――「どなたがご担当でしょうか？」
- **何**――「どんな製品をご要望ですか？」

・なぜ ──┬ 「なぜ、この製品を導入されたのでしょうか？」
　　　　　　└ 「なぜ、その会社にされたのでしょうか？」
・どのように ── 「どのようなプロセスでの導入だったのでしょうか？」
・いくら ── 「どのくらいの予算のプロジェクトでしたか？」

「5W2H」を意識するだけで、次々に質問が浮かんでくるはずです。

返ってきた答えに対しても「5W2H」で返す

また上司から仕事を命じられたとき、発注時にどのくらい明確な情報を上司から引き出すことができるかによって、仕事のクオリティは大きく変わります。また、アウトプットが上司に評価されるかも変わります。こういうときにも、「5W2H」を意識して質問を繰り出してみることです。

・いつ ── 「いつまでに必要でしょうか？」
・どこ ── 「どこにその資料はあるでしょうか？」

・**誰**――「誰が必要としているのでしょうか？」

・**何**――「何に使われるのでしょうか？」
　　　　「何を盛り込む必要があるでしょうか？」

・**なぜ**――「なぜ、求められているのでしょうか？」

・**どのように**――「どんな体裁で作成する必要がありますか？」

・**いくら**――「いくらの予算でしょうか？」

さらに、パーティなどで初対面の人とのコミュニケーションにも、「5W2H」は使えます。

・**いつ**――「いつから就かれているのでしょう？」

・**どこ**――「どこに行かれることが多いのですか？」

・**誰**――「社長はどなたですか？」

・**何**――「この仕事は、どのような役割ですか？」
　　　　「どんなところが面白いですか？」

・**なぜ**――「なぜ、この会社にお入りになったのでしょうか？」

・**どのように**――「どのようにして、この事業は展開されているのでしょうか？」

・いくら――――「年商はどのくらいおありですか？」

話をしながら「5W2H」を意識してみる。それを思い浮かべながら質問を考えてみる。戻ってきた答えに対しても、「5W2H」で返すことを考えてみる。そうすることで、会話のキャッチボールはどんどん広がっていきます。

POINT

「5W2H」を意識するだけで、次々に質問が浮かんでくる

営業で新規のアポイントができたとき、質問を「5W2H」で考えてみる

5W	When いつ	いつから必要でしょうか？
	Where どこで	どこで使う予定ですか？
	Who 誰が	どなた宛にご連絡すればいいでしょうか？
	What 何を	どんなプロジェクトを展開されるご予定ですか？
	Why なぜ	背景には、どのような理由があるのでしょう？
2H	How どのように	どのように納品させていただくのが、ベストでしょうか？
	How much いくら	差し支えなければ、おおよそのご予算はお決まりですか？

消費者へのモニター調査の質問を「5W2H」で考えてみる

5W	When いつ	いつからご利用でしょうか？
	Where どこで	どこで使っておられますか？
	Who 誰が	主に誰が使っていますか？
	What 何を	この商品に何を期待されていますか？
	Why なぜ	なぜ、お使いなのでしょうか？
2H	How どのように	どのように使われていますか？
	How much いくら	いくらでお求めになられましたか？

質問が浮かばないときには反復する

引き出すために必要な「会話のキャッチボール」

「イエス」「ノー」で終わってしまう質問のどこに問題があるのか。なぜ「5W2H」を意識して質問を考えるといいのか。それは、話を引き出すには、会話のキャッチボールが大切になるからです。

「これぞ!」という話が一度の質問でいきなり出てくる、などということはまずありません。質問をし、戻ってきた答えに対して反応し、そこから質問を作ってまた投げかける。そんなキャッチボールを何度も繰り返すことで、話は深まっていくのです。

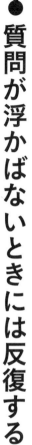

先に1時間で質問は6つほど、と書いたのは、このキャッチボールを繰り返したいからです。30も質問を考えて、ひとつの質問あたり2分しかない、などということになったら、時間が短過ぎて、このキャッチボールができない。

逆にいえば、ひとつの質問で10分ほどキャッチボールをしたいからこそ、あえて6つしか質問を用意しないことにしているのです。

しかし、これはインタビューを受ける側になって気づいたことでもありますが、質問に答えると、そのままで終わってしまうことも少なくありません。

実は、しゃべっているこちらも、している話のどこかに反応してもらいたいのですが、反応してもらえなかったりすると、けっこう残念だったりします。

一方で、しっかり言葉を捉えて、「それはどういうことなんでしょう」といった切り返しがくると、とてもうれしい。「ああ、もっと話してあげないといけないな」という気持ちにもなります。

私自身もインタビューのときは、相手の答えに反応して、どう切り返していくか、ということに意識を集中させています。それこそ、脳をフル回転させて答えを聞きながら次の質問を考えている、といっても過言ではありません。

そして、相手が話し終わったな、ということをちゃんと見定めてから、次につながる質問をしていきます。ここで生きるのが、先の「5W2H」です。いろいろな角度から聞いていくことで、話はどんどん立体的になっていくからです。

別の人の興味、別の人の視点で質問を考えてみる

質問を思い浮かべるためのもうひとつの方法としては、「自分の興味だけで考えない」があります。自分の関心という視点でばかり考えようとすると、どうしても限界が出てきてしまう。

ところが、そこから一歩外れて、別の人の興味、別の人の視点で考えてみると思い浮かんだりするのです。

私の場合は、読者に成り代わって考えてみる。もし、読者だったらどんな返しをするだろうか、と想像してみる。

言ってみれば、読者の代わりに聞くとすれば、で考えてみるのです。自分のための質問だと思い浮かばないのに、読者のための質問だと思い浮かんだりします。セミナーなどでは、会場に来ている人の興味を考えてみる。これもまた、ひとつの方法です。

しかし、もうちょっと聞いてみたいけれど、なかなか質問が浮かばないときもあります。そういうときは、相手の話を要約して反復して返すようにしています。

「要するに、こういうことですね」

という問いかけです。面白いもので、反復をすると、同じ話をもっと詳しく話してもらえたり、違う角度から説明してもらえたりすることがあります。これがまた、新しい視点の話になっていったりする。

また、ときには「いや、そうじゃないんですよ」と返される反復になってしまうこともありますが、その場合にも何が違うのか、新しい説明を聞くことができます。こうして、話が深掘りされていくことが多いのです。

ぜひ知っておいてほしいのは、質問されて発した言葉にきちんと反応してもらえることは、相手にとってうれしいことだということです。

むしろ、さらりと終わってしまったほうが、「あれ、興味を持ってもらえなかったのかな？」と残念な気持ちになる。反応してもらえることを前提に、質問に答えて返しているところもあります。

キャッチボールは、相手が期待していることでもあるのです。

POINT

自分の興味だけで考えず、多くの人の興味で質問を考えてみる

第5章

引き出す力を身につける

応用編

相手の話を
最大限引き出すための
気くばり

「質問」を「詰問」にしないとっておきの方法

どうしても「攻めと守り」の空気に陥ってしまいがち

インタビューは1対1の対決の場、いかに自分のペースに巻き込んで、相手に思わぬことをしゃべらせるかこそが重要だ……。かつて、こんなインタビュー心得を耳にしたことがあります。

実際、公開インタビューでそれに似たインタビューも見たことがあります。人によっていろいろな考え方があるのだと思いますが、私にはそんなことはできない、と思いました。

何より、もし自分がインタビューを受ける場だったとしたら、そんなインタビューは絶対に受けたくないからです。こんなインタビュアーからのインタビューでは、気持ち良く自分の思っていることを話せたりしないだろうと思います。

ただ、注意しなければいけないのは、それがどんなコミュニケーションだったのか、評価するのは相手だということです。仮に私が丁寧なインタビューをしていたつもりでも、もしかすると相手はまったく違う印象を持っているかもしれない。そこにこそ、コミュニケーションの難しさがあります。

特に注意しなければいけないことがあります。それは、「質問」を「詰問」にしないことです。

コミュニケーションにおいては、問うている側と、答えている側という2つの立場があります。ともすれば問うているほうは攻める側になり、問われているほうは攻められている印象を受けてしまいかねないのです。

言い方を変えれば、問い詰められているように、感じてしまう。問うている側と、問われている側は、どうしても「攻めと守り」の空気に陥ってしまいがちだということです。

実際、軽く質問していたつもりだったのに、「なんだか怒られているようだった」と受け止められてしまうことがあります。先輩後輩や上司と部下という立場が加わると、なおさらでしょう。

またセールスの場面で、取引先を詰問するようなことになってしまっては、まさしく本末転倒です。知らず知らずのうちに、詰問しているかのように受け止められてしまう可能性があると認識する必要があります。

同じ質問をするときは一呼吸置いてみる

詰問と受け止められないために、気をつけておくべきことがひとつあります。それは同じ質問を何度も繰り返さないこと。もし、繰り返さなければいけないときには、一呼吸置いてみることです。

同じ質問を繰り返すのは、聞きたいと思っていることが、なかなか出てこないことが要因としてあります。その場合には、とっておきの方法があります。しゃべってほしいことを質問に組み込んでしまうのです。

インタビューではいろいろな話を聞いていくわけですが、どうしてもしてもらわないといけない話もあったりします。そういうときには、質問にあらかじめその要素を盛り込んでしまうのです。これは、セールスの場面でも使えると思います。

「○○さんは、以前このようにおっしゃっていましたが、今はどのようにお考えですか」
「部長はこうおっしゃっていましたよね。それがすごいと改めて思っているんですが」
「××について聞きたいと思っているんですが、例えば△△のような話がありますね」

など、しゃべってほしいことを質問に組み入れてしまうのです。

いわば「誘導尋問」ですが、「こういう話を聞きたい」と意思表示をすることは、決して相手にもマイナスにはならないと私は思っています。「なるほど、この話をしてほしいのか」と気づくことができるからです。

実はコミュニケーションの相手も、ピント外れの話はしたくないものです。聞き手が求めている話がしたいと思うもの。ならば、どんな話をしてほしいのか、匂わせてもらったほうがいい。

そして誘導尋問をしても、それだけで終わりにしない。そこからさらに一歩、踏み込んで、深い話へと斬り込んでいく。すでにある話には、目新しさはないから。

しかし、すでにある話から、過去にまだ誰も聞いていないような話が引き出せることがある。ここで誘導尋問は生きてくるのです。

POINT 質問の中にしゃべってほしいことを組み入れてしまう「誘導尋問」

自分のことを話してから質問につなげていくという方法

返答に困ったときの便利な一言「大変ですね」

質問をして相手から返ってきた答えに、どう対応していいかわからない、ということもあります。例えば、ちょっと重苦しいエピソード。さらっと次の質問に進むのも、ちょっとははばかられる。

こういうときには、ひとつの方法があります。それは、質問をするのではなく、自分の感想をぶつけてしまう、という方法です。

インタビューをしていても、どう反応を返していいのか、わかりかねることがあります。挫折をしたり、苦労をしていたり、そういう話のときには、なかなか質問に結びつけられない。

ところが、日本語には便利な言葉があります。

「大変だったんですね」

不思議なことなのですが、この一言を返すだけで、再び相手の言葉が続いていくことが少なくありません。同情や共感を示せると同時に、「もっと深く聞きたい」というニュアンスもなんとなく含んだ言葉だからです。

何かの話を聞いたとき、

「大変ですね」

という言葉を返す。そうすると、「わかってもらえた」とばかりに、相手が話を膨らませてくれることは少なくないのです。

話の内容によっては、他の感想の言葉を返してもいいでしょう。


「良かったですね」

「うれしかったでしょう」

「すごいことですね」

「なかなかないことですよ」


難しい感想ではなく、シンプルな思いを素直にぶつけていく。これだけでも相手にはちゃんと伝わります。

「合いの手」は思った以上に効果がある

返答というより、「合いの手」の一種と言ったほうがいいかもしれません。「合いの手」も、相手の話を催促する効果があります。

「なるほど、そうなんですね」
「そういうことだったんですか」
「いや、それは知らなかったです」
「面白いですねぇ」

相手の話を聞きながら、短いシンプルな言葉で「合いの手」を入れていきます。これは、「ちゃんと話を聞いていますよ」という相手へのメッセージにもなります。話をしている側にとっては、安心感にもつながるのです。

感想や「合いの手」を意識して使っていくことも、質問への回答にどう対応していくか、のひとつの方法です。

もうひとつ、もう一歩踏み込んで、質問に自分を登場させてしまう、という方法もあります。自分の個人的な話を出して、その上で質問をする。そうすることで、質問が浮かびやすくなる。相手の気持ちを動かすことにもなります。

「私もかつて営業していたことがあるんです」
「失業経験を、実は私も持っているんですが」
「会社員時代、こんな大失敗をしまして」

自分のことを話してから、質問につなげていく。ストレートな質問を繰り出すのとは、また違った答えが導き出せる手法だと思っています。

POINT

「合いの手」は、相手の話を聞きながら、短いシンプルな言葉で

相手の回答には必ず質問のヒントが残されている

「ここはもっとしゃべりたいなぁ」にうまく反応できるか

インタビューを受ける側になって、「あれ、返しの質問もないの?」と寂しくなったという話を先にしましたが、私は多くのコミュニケーションの相手が、案外この思いを持っているのではないか、と思っています。

先に「人は自分のことを話したい生き物」だという話をしましたが、自分のことをより深く、正しく理解してもらえることが嫌な人はいないと思うのです。だから、実はいろいろしゃべりたい。引き出されたいと思っているのです。ところが、せっかくしゃべっているのに反応してもらえない。これでは、残念な印象になってしまいます。

というのも、しゃべりながら「ここは質問してくれるといいなぁ」というキーワードを、きっと残してくれていると思うからです。それはつまり、「ここはもっとしゃべりたいなぁ」という箇所です。とてもありがたいことに「いいインタビューだった」と言ってもらえたことが何度もある、と書きましたが、それは「ここはもっとしゃべりたいなぁ」という箇所に、うまく反応できたからではないかと思っています。

「そうそう、これを聞いてもらいたかったんだ」という会話が連続していくと、しゃべっているほうは、どんどん気持ち良くなっていきます。そうやって、思ってもみない話を引き出されることになった、ということではないかと思うのです。

実際、私の場合は、質問をして戻ってくる答えに対して、質問を探しているというよりは、相手の「しゃべりたいキーワード」を探しているところもあります。

短時間で終わることがわかっているコミュニケーションなら別ですが、それなりの時間をかけるコミュニケーションであれば、どういうコミュニケーションをしようか、相手も考えると思うのです。

こういう話になっていくといいな、ということをイメージしたり、こういう話をしたいな、という思いを持っていたり。

だから、そのヒントを探していけばいいのです。必ずそのイメージや思いの「かけら」は話の中に残っているはずだから。ここをもっと聞いてくれるといいなぁ、という「しゃべりたいキーワード」にアンテナを立てていくのです。

「しゃべりたいキーワード」に瞬時に反応する

私は、本づくりを学ぶための塾「上阪徹のブックライター塾」を2014年から年に一度、開いているのですが、ここではゲストの編集者に公開インタビューを行っています。私がどんなふうにコミュニケーションをしているのか、実際に塾生に見てもらいたいからです。

それこそ、質問して返ってきた言葉に、ポンポンと反応して質問を返していく姿には、驚かれることが少なくありません。どうやってそんなに短時間で質問が出せるのですか、と。

しかし、私にしてみれば、そういう感覚はありません。とりわけ同じ世界で仕事をしている人たちへのインタビューですから、なんとなく相手の気持ちもわかります。

返ってきた言葉には必ず「しゃべりたいキーワード」が潜んでいると思っているので、そこに瞬時に反応しているだけなのです。

ちなみにこのときも、60分のインタビューで質問項目は抽象的な6つほどです。

・なぜ編集者になったのか
・新人時代

・苦しかったこと、辛かったこと
・手応えをつかんだ仕事、エピソード・なぜヒットが出せるのか
・編集／本づくり／記事づくりの仕事の面白さ
・これから編集／本づくりの世界に入っていく人へのメッセージ

きっと「しゃべりたいキーワード」が見つかると思っているので、これで十分なのです。そしてインタビュー中は、「しゃべりたいキーワード」に集中します。出てきたら、それを聞く。

ひとつの質問に対して、いきなり5分も10分も話し続けられる人はそうそういません。戻ってきた答えに対して反応し、コミュニケーションを深めていくのは、もしかすると相手も期待しているルールですらあると、私は思っています。

もとより、相手もこちらの意図に沿いたいのです。人に喜んでもらえることは、何よりうれしいことだから。その前提で、コミュニケーションを進めていけばいいのです。

POINT 相手が残した「しゃべりたいキーワード」に敏感になる

部下の引き出す力、上司の引き出す力

スターバックス元CEOへの取材「いいインタビューだった」

英語はまるっきりできない私ですが、外国人のインタビューも数々、行ってきました。質問は日本語で、通訳に入ってもらい、インタビューを進めていくのです。

印象に残っている取材にスターバックスの実質的な創業者で元CEO、ハワード・シュルツさんのインタビューがあります。大物だけに、ついてくださったのは同時通訳。片耳に引っかけるヘッドフォンを渡され、逐次通訳が行われる。テレビの中継などで耳にすることがある、まさにあれです。

本来であれば、英語ができて、英語でインタビューするのが相手も心地よいことなのか、とも想像していたのですが、案外そうでもないようです。私は日本人に向かうように、顔を見ながら日本語で語りかけますが、十分にいいインタビューができます。

ハワード・シュルツさんのときも、ポンポンとどんどんインタビューを続けていったのですが、なんと終わった後、この言葉とともに、握手を求められたのです。

「いいインタビューだった。シアトルで会おう」

リップサービスかな、と思っていたのですが、実際に私はこの後、シアトルでも彼にインタビューすることになります。スターバックス本社、さらにはイチロー選手のグッズが飾ってある執務室を見せてもらえたことは、とてもいい思い出です。


さて、話は遡るのですが、通訳が入ることで、自分の取材のクセに気づいたのも外国人取材でした。まだ、フリーランスになって3年目。ハリウッドの映画監督にインタビューしているときでした。

通訳はとても見事に訳してくださっていたのですが、自分でも気づき始めました。私の質問は「Ｈｏｗ（どうすれば）」から始まる質問がやたら多かったのです。やがて監督は、「どうしてこの人はＨｏｗばかり聞くんだ?」と言い始めました。

日本人は「Ｈｏｗ」が好きなのです。それこそ、書店に行けば「Ｈｏｗ」を記した本がたくさん並んでいます。雑誌の特集でも、ウェブサイトでも支持を得る。しかし、注意しないと「Ｈｏｗ」に支配されかねないのです。

実際、部下が上司から仕事の依頼を受けるとき、やってはいけないことがあると思っています。それは「Ｈｏｗ」ばかり聞き出すことです。「どうやってやればいいですか」ばかり聞いてくる部下を、上司はどう思うでしょうか。

上司や経営陣からよく挙がってくる声に、「言われたことしかやらない」がありますが、命令されて方法論を聞くだけでは、まさに言われたことをしているだけです。では、どうすればいいのかというと、「Ｗｈｙ」をこそ聞き出すのです。

「なぜ、この仕事をやる必要があるのか」から聞く。その意味を理解して上司の命令を実行するか、そうでないか。上司はどちらを評価したくなるでしょうか。それこそ「Ｗｈｙ」から聞いてくれる部下なら、上司は安心できると思いませんか。

上司は命令をするのではなく、質問をして気づきを与える

一方、「言われたことしかやらない」は、上司にも課題があります。それは、ついつい命令してしまうから。言ってしまうからです。リーダー論の本には必ず書いてありますが、部下に気づかせることこそが優れたリーダー。そのために必要になるのが、聞き役に回ることです。

部下に質問をして、その答えを上司はじっくり聞く。そうすることによって、何をしなければいけないのか、に気づいてもらう。単に命令するのではなく、自分の気づきになれば、それは「上司に頼まれた仕事」ではなく「自分の仕事」になります。

上司は、部下にいい仕事を与えてくれる存在になるのです。自分に命令する人ではなく、自分を応援してくれる人に映るのです。

こういう関係性を上司と部下で作れたら、コミュニケーションは円滑になっていくはずです。「部下の本音がわからない」「本当の気持ちを引き出せない」といった上司の悩みも、関係性によるところが大きい。

関係性ができていないのに、上司が部下から話を引き出すテクニックなど、まずないと私は思います。

それこそ先の「隣に座る関係」ではないですが、上司が自分の未来のためにプラスの存在だと思えば、部下は自分からどんどんしゃべってくれるはずです。そのほうが自分にとっても、いいことだからです。

POINT 上司には、「How」ではなく「Why」を聞く

二人以上から話を引き出すときのとっておきの方法

初対面の対談で起こる化学反応

複数の人に話を聞く、というシチュエーションもあると思いますが、実はこれ、話を引き出しやすい方法でもあります。1対1のインタビューではなく、もう一人入ることで、思わぬ話を引き出せることがあるからです。

雑誌やウェブサイトで著名人や識者の対談の記事を見かけることがよくあると思いますが、対談はまさにこれを狙っての話。一人の話を聞くなら、その人にインタビューをすればいいだけの話です。

ところが、わざわざ対談にしているのは、もう一人を招くことによって化学反応が起き、1対1のインタビューでは出てこないような話を引き出すことができるかもしれないからです（もちろん企画の目的には、いろいろなケースがありますが）。

私はこうした対談の取材も積極的にお引き受けしています。1対1のインタビューも楽しいですが、対談にはまた違う醍醐味があるからです。対談相手の方の話に触発されて、おそらく私一人によるインタビューでは出てこないような話が出てくることも多い。これが面白いのです。

最近で印象に残っているのは、先にも少し触れたジョッキーの武豊さんとサイバーエージェント社長の藤田晋さんの雑誌での対談です。双方共に「勝負師」として知られており、それをテーマにお二人に語ってもらったのでした。

競馬と経営というまったく違う世界で生きているお二人ですが、それをどんなふうに結びつけていくかが、インタビュアーの腕の見せどころです。とりわけ初対面の場合はそう。このときも、お二人は初対面でした。

対談記事などは、二人が勝手にしゃべっているところをまとめていると思っている人も少なくないかもしれませんが、私はそうはしません。知り合いならいざ知らず、初対面の人といきなりペラペラと話ができる人はそうそういません。

また、質問を投げ合う形だと時間もかかり、記事をまとめるのもなかなか難しくなります。読者が期待しているのは、質問ではなく、引き出された答えだからです。

そんなわけで、私の場合はかなり場をコントロールしてしまいます。私が質問を主導し、ファシリテーターの役割を果たすのです。例えば藤田さんに質問を繰り出したあと、「武さんは今の質問、どうですか」などと同じ質問をしていく。

ひとつの質問に対して複数人で深掘りしていく

ただ、これで「どうですか」と質問を振っていくだけでは、なかなか話が深まりません。そこで返ってきた答えに対して、「今の武さんの話、藤田さんはいかがですか」とその場でまた質問を投げかけていくのです。

答えが戻ってくると、「武さん、今の藤田さんの話はどう思いますか」とまた投げる。もちろん、その場で双方から質問が出ることもあります。そんなふうにして、ひとつの質問に対して二人で深掘りしてもらうのです。

1時間ほどの対談で、用意していた質問は6つほど。つまり、ひとつの質問について、10分ほどやりとりをしてもらっていたことになります。そこから、「日本は世界一馬券が売れる」「経営には区切りがない」など、いい言葉をたくさんもらうことができました。

他にも三人、四人のグループで座談会をしてもらったりすることもあります。このときも、やり方は同じです。おかげでファシリテーション力がすっかり鍛えられ、イベント登壇でまとめ役を仰せつかったこともあります。

複数の人に同時に話を聞くことは、思わぬ話を引き出せることもあります。同僚、上司と部下、先輩後輩といったビジネスはもちろん、夫婦に聞く、友人同士に聞く、師匠と弟子に聞くなどなど、いろいろなやり方ができると思います。

私は二人に聞いた話を、別々の一人称の記事にまとめる月刊誌の連載を担当していますが、ここでもやり方は同じ。同じ質問をぶつけ、戻ってきた回答について聞き、話を深掘りしていきます。

見え方は一人でしゃべっている記事ですが、やはり1対1のインタビューとは違う魅力が出てくるのだと思います。連載はもう5年、60回を超えるほどになっています。

POINT

同じ質問で二人に交互に答えてもらう。回答への感想も聞く

難しい話やネガティブな話にどう対応していくか

難しい話ほど相手に咀嚼させて話を引き出す

ウェブサイトで科学者のインタビュー連載を担当していたのは、15年前のことです。アンドロイド研究で知られる大阪大学教授の石黒浩《いしぐろひろし》さん、マサチューセッツ工科大学のテニュア（終身在職権）を取得されたタンジブル研究の石井裕《いしいひろし》さん、ロボットスーツ「HAL」を開発したサイバーダインの創業者兼CEOの山海嘉之《さんかいよしゆき》さんなど、錚々《そうそう》たる顔ぶれに取材させていただいたのでした（後に『我らクレイジー★エンジニア主義』として書籍化）。

私は大学も商学部ですし、バリバリの文系です。理系の世界は、勉強もしていないし、まったく詳しくない。ところが、この科学者へのインタビュー連載は大変な支持を得たのでした。理由はシンプルで、誰にでも理解できるよう、書いたからです。

連載を引き受けるときに確認したのは、「専門家を相手にした連載ではないですね？」ということでした。専門家相手なら。私は適任ではない。専門家の「相場観」がまるでわからないからです。しかし、一般の人を相手にした記事ということであれば、問題ありません。私が理解できるレベルの話を書けばいいから。そしてそれを書いたら、「こんなにわかりやすい科学者インタビューは、かつてなかった！」と支持を得たのです。

このときに知ったのは、実は同じ理系といっても、例えば電気と機械ではまったく違うということでした。電気の人は機械のことをよく知らないし、機械の人は電気のことをよく知らない。文系の私からすれば、理系とひとくくりにしてしまっていましたが、領域が違えば知識はまるで違う。それこそ、理系でも別の領域であれば、文系の私と変わらないくらいの知識の人は少なくない、ということでした。

だからこそ、気をつけたのが、インタビューです。本物の科学者たちですから、聞こうと思えば、とんでもない専門領域の話も聞けるでしょう。しかし、それは私には理解できないし、記事にすることもできない。読者は一般の人だからです。

そこで私がインタビュー前に必ず伝えていたことがありました。

「申し訳ありません。私はバリバリの文系です。資料はいろいろ見てきましたが、難解なものばかりでした。理系の知識がない私にも、わかるように教えてください」

このとき、改めてすごいと思ったのですが、本物の科学者というのは、難しい話もやさしく解説できる力をしっかり持っている方々だということです。逆に、わかっていない人は、難しい話を難しい話としてしか語れない。本物であることのすごさを強く認識したのでした。

そして、私のわかる範囲、わかるレベルでどんどん話を引き出していきたいわけですが、そのために、このフレーズを連発しました。

「もしこの領域について基礎知識がない読者が目の前にいるとしたら、どんなふうに説明いただけますか」

難しい話を、難しい話のまま聞いていたら、理解はできません。だから、最初から「やさしく解説してください」とお願いしてしまう。そうすることで、相手はわかりやすく話してくれるようになります。ただし、言わなければ、相手にはこちらのレベルがわかりません。わからないことより、わからないまま聞いていくほうが余程、問題なのです。その認識をしっかり持っておいたほうがいい。

ネガティブな話は一通り聞き切ったほうがいい

難しい話と並んで、大変なコミュニケーションに、ネガティブな話があります。聞きたい話の前に、ネガティブな話が始まってしまう。愚痴だったり、後悔だったり、悪口だったり……。

そんな話をされても、と思っても、できるだけ止めないほうがいいと思います。したくてしている話だから。

なので、ネガティブな話が始まったら、一通り聞き切ることにしています。そうしないと、次に進めないから。いい話を引き出すことは、難しいと思えるから。あえて、ネガティブな話をしてくるのは、意味があると思うのです。

そしてやってはいけないのは、相手の話に感情的になることです。ネガティブな話に、ネガティブに反応してしまう。「なんでこんな話を」「本題と違う」「つまらないなあ」……。こうした感情的な反応は、相手に伝わってしまうと私は思っています。

ネガティブな話は、こちらが試されている話でもあるのです。

POINT

難しい話には最初から「やさしく解説してください」とお願いする

話を引き出す側が「主役」になってはいけない

話を引き出すことでプラスになる人のことを一番に考える

私は「どうして、あの人からこんな話を引き出せたのでしょうか?」と問われることがよくあると冒頭に書きましたが、それは本気で聞くことに加えて、この心得を持っていたからだと思っています。端的に言えば、「自分が主役になって話を聞かない」ということです。

仕事でインタビューに行くとなれば、書き手の私は当然、いい話を聞きたいし、聞かなければいけないと考えています。しかし、だからといって、いい話が聞けるわけではありません。話を引き出せるわけではない。

ひとつのポイントは、「私」のそんな思いなど、相手にとっては何の関係もない、ということです。「いい話を引き出したい」という私の思いに、なぜ相手は応えなければいけないのか。そこに理由はないのです。

なのに、「いい話を聞かせてください」とばかりに乗り込んだところで、そうはなるはずがない。相手には、話す義務はないから。いい話を聞きたいという私のインセンティブに、応える必要もないから。

要するに「私のために話してください」という空気を作るべきではない、ということです。

では、どうするのかといえば、私以外の「誰か」のために話してもらうのです。私の場合であれば、インタビューして記事を作るわけですから、読者です。読者のために、いい話を聞きたい。いい話を引き出したい、という姿勢に徹する。そこに「私」を持ち込まないのです。

同様にセールスのときも、「私」のために話を聞き出そうとしない。それこそ「私の営業成績を上げるため」だと思われてしまいかねない。そうではなくて、先に触れたように「お客さま」や「お客さまのお客さま」を意識する。

上司と部下なら、相手のため、でしょうか。

話を引き出すことによって、プラスになる人のことを考える。自分以外のため、を意識するのです。

きれいごとで言っているのではありません。実は「私」を捨てて、この思いを持つことができれば、堂々と聞けるのです。聞くことが、怖くなくなるのです。何かどこかで後ろめたい気持ちを持つことはなくなるのです。

いわゆる大物の人たちにインタビューしても、私がまったく動じたりしないのは、「私」はどうでもいいからです。「私」を気に入ってもらおうとも思っていない。だから、いい話を聞くことに徹することができる。「読者のためにいい話を聞かせてください」という姿勢が貫けるのです。

私的感情を持たないほうが引き出す力が発揮できる

雑誌の依頼で、ネスレ日本の前社長兼CEO、高岡浩三《たかおかこうぞう》さんのオンライン取材が入りました。かつて二度、在職中にリアルな対面の取材をしたことがありましたが、大変な実績をあげた大物経営者です。しかも、オンライン。依頼をした編集者からも、緊張感が伝わってきました。

しかし、私はまったく何も思っていませんでした。やるべきは、聞きたいことをどんどん聞いていくことだけ。その雑誌の読者は中小企業の経営者でしたから、彼らに成り代わって、どんどん質問をしていくのみ、です。

コロナで追い込まれている中小企業経営者に、なんとかお役に立ちたい。有益な情報を教えたい。これからのヒントを提供したい……。そんな思いは、オンラインでも間違いなく伝わったと思っています。

おかげで、素晴らしい内容の話を聞くことができました。

ネスレ日本の社長兼CEOを退任後、おそらく経営者として多くの会社から引く手あまただったはずです。しかし、高岡さんは独立の道を選ばれました。その理由は、日本の中小企業を元気にしたいから。

特定の会社のトップに座るのではなく、多くの会社にアドバイスできる立場になりたい。その思いから、ほとんど一人で活動する会社を設立されていたのです。その思いを、ひしひしと聞くことができました。

「自分のために」を捨て、「誰かのため」にシフトしたら、聞くことはまったく怖いものではなくなります。どんなことでも聞けてしまうし、妙な遠慮もしなくなる。「私」を持たないほうが、引き出す力が発揮できるのです。

POINT

私以外の「誰かのため」に話してもらう、という構図を作る

福山雅治さん、役所広司さんが身を乗り出した「引き出す力」

「話し手」に「読み手」を想像させる

どうして「私」を捨てることに私がこだわるのかといえば、長くインタビューの仕事をしていて、強く感じることがあったから。

それは質問というのは、ともすれば、「どうしてあなたのために、私が話さないといけないのか」という空気を生んでしまいかねないからです。私にとっては聞くことは仕事であり、聞かなければ記事を作れません。

何度も書いているように、人は自分に興味を持ってくれる人に好印象を持つし、自分のことを知ってほしいと思っているし、しゃべりたい生き物だと私は思っています。

しかし、問題は誰でもそうなるとは限らない、ということです。よこしまな目的を持っている人に対して、応援したいと思う人はいないでしょう。少しでも、そういう空気が出たら、人は怪しむものです。

私にとって「話を引き出す」ことは仕事であり、それはそのまま私の成果に直結します。この構図そのものが危険だ、と思ったのです。「私のために」「いい原稿という私の成果のために」という空気が出てしまいかねないのです。

そして、そういう意識を持っている人からいろいろ質問されて、わざわざ一生懸命に応えたいと思うかどうか。

私がうがった見方をし過ぎているのかもしれませんが、やがてこんなふうに思ったのでした。私のために話している、という構図がとにかく出ないにしよう、と。

そこで思いついた方法がひとつあります。「私のため」ではなく、誰かのために話してもらう。そのために読者という言葉をよく使いますし、場合によっては他の人も使ってしまう。誰かをダシにしてしまうのです。

例えば、福山雅治さんへの取材をしていたとき、撮影の休憩時間に、担当編集者の男性が「実は中学時代から、ずっと福山さんのファンだった」という話をしていたのです。これはもらった、と思いました。

そこでインタビュー中、ここぞというところで、「実は隣に座っている担当編集は、中学時代からずっとファンだったのだそうです」と切り出しました。言ってみれば、私のためではなく、この編集者のために話してほしい、というメッセージです。

長きにわたってファンでいてくれた人を目の前にして、うれしくないはずがないと思います。福山さんは私に向かって、ではなく、彼に向かって話をしてくれるようになりました。

そして、とてもいい話を引き出すことができたのでした。この話をよく覚えているのは、編集者をダシに使って、インタビューに成功したから。いい話を引き出すことができたからです。

スターには、スター以外の共演者やスタッフの話を聞く

また、役所広司《やくしょこうじ》さんのインタビューも、とても印象に残っています。あの風貌や雰囲気から予想がつくと思いますが、とても口数は少ない人です。ところが私がインタビューしたとき、「こんなにしゃべっている役所さんを見たことがない」と映画会社の人に言われたのでした。

先に、映画の宣伝の取材はいつも同じことばかりを聞かれている、と書きましたが、それは本人のことばかりが聞かれる、ということでもあります。しかし、一流の人になればなるほど、自分のことについて聞かれることについて、それほど興味はないのです。もう何度も

聞かれていますし。

彼らが注目してほしいと思っているのは、自分以外の誰か、だったりするのです。だから、取材にあたって映画の試写を見に行ったりするときにいつも気をつけているのは、本人の演技に加えて、共演者やいわゆる裏方と呼ばれる人たちの努力に目を向けることでした。

役所さんのときも、映画の中で見つけた、「うわぁ、こんなものを見つけてきたんだ」という話を振ったのです。そうしたら、役所さんの顔が一変しました。それを見つけるために、スタッフがどれだけ頑張ってくれたか、いきなり話し始めたのです。

そこからは、映画における裏方論、裏方の凄さ、彼らの努力について、役所さんはとても熱く語ってくれました。これまた、他ではちょっと見られない記事に仕上げることができました。


そして、取材の終了間近には、「口数の少ない役所さん。もしかしたら、私が聞いたのでは、答えてもらえないかも」と思って、あえて妻をダシに使い、「あのチャーミングなCMをなぜ役所さんがやることになったのか。妻から聞いてきてほしいと言われまして」と質問してみました。

デリケートな質問でもありましたが、こうして妻という存在をワンクッション置くだけで、私も質問をしやすいですし、役所さんも答えやすい雰囲気を作り出せたのではないかと思います。とてもチャーミングな回答をいただけたのでした。

質問者からダイレクトに面と向かって言えないことも、顔が見えない誰かに質問されているという体裁を取ることで、空気を大きく変えられる可能性があります。引き出す力として、頭の片隅に置いておかれたら、と思います。

POINT

誰かをダシにして聞いてしまう、というとっておきの方法

「仕事そっちのけ」が話を引き出すエネルギーになる

欲しい情報は自らの情熱で取りに行け！

私は28歳のときに、フリーランスになりました。当初は、会社員時代にやっていた採用広告を作る仕事をしていたのですが、次第にインタビュー記事を作る仕事が増えていきました。いわゆる、ライターとしての仕事です。

そして数年で、幸運にも週刊誌の連載インタビューを担当させていただくことになったのでした。見開きでカラー2ページ。この連載は6年続き、後に本にまとめられ、シリーズ累計で40万部を超えるヒットを記録することになります。

経営者からスポーツ選手、作家、漫画家、大学教授、タレントや俳優、ミュージシャンなど、さまざまな著名人にご登場いただいたのですが、実は連載をしているときから、大きな手応えをつかんでいたのでした。それは、間違いなく、いい話を聞けている、引き出せているという実感があったからです。

実は私は28歳でフリーランスになるまで、社会人人生はまったくうまくいきませんでした。大学時代の就職活動は惨敗。行きたい業界に行けませんでした。最初に入ったアパレルメーカーは1年半で退職。転職に踏み出すことになります。これが、リクルートでの仕事です。しかし、5年でコピーライターとしての才能に限界を感じ、私は再び転職に踏み切りました。ところが、この会社が3カ月で倒産してしまったのです。フリーランスは、なりたくてなったのではなく、失業した後に、なるしかなくてなった道だったのです。

そして出会った連載インタビュー。求人雑誌だったのですが、テーマは仕事選びやキャリア、人生についてでした。まさに、私自身が猛烈に知りたい話でした。ご登場いただくのは、実績を出して成功している著名人ばかりです。それこそ、私の20代と、彼らの20代はいったい何が違ったのか。知りたくてしょうがなかった。だから、正直に言うと、仕事そっちのけで聞いていたのです。

私自身がうまくいかない経験をしていましたから、うまくいく方法を喉《のど》から手が出るほど欲しかった。そして読者もきっと、それを求めていると思っていました。

先に「本気で聞く」ことの大切さについて書きましたが、私の場合は偶然、本当に本気で聞くことになったのでした。これが、功を奏したのだと思っています。

逆にいえば、自分がどうしても聞きたいことであれば、誰しも本気になると思います。だから、引き出す力を磨くために、どうしても聞きたいことを聞きに行く場を作る、というトレーニングの方法はあると思います。

コミュニケーション以外の立ち居振る舞いにも気をくばる

引き出すために、とりわけ仕事で話を引き出すために絶対にやってはいけないのは、「これは仕事です」という空気を醸し出してしまうことです。

たしかに仕事で来ているにしても、「ああ、これは仕事ですから」といった態度の人に、今日はたくさん話してやろう、などと思ってもらえるかどうか。本気で本当のことを話してやろうと思ってもらえるか。

私は今は取材を受ける立場にもなっていますが、実は「仕事で来ています」という意識の人はすぐにわかります。本人は気づいていないかもしれませんが、先にも書いたように、気持ちというのは、すべて態度や顔に出てしまうのです。

「しゃべりたいキーワード」を残しても反応しない。話していて、目線があまり上がらない。表情も変化しない。

逆に、私自身に興味津々という人もすぐにわかります。それは、言葉の端々や立ち居振る舞いに出てくるのです。

そしてもうひとつ、大事なこと。コミュニケーションの相手は、周囲の人たちに対する態度もよく見ています。

自分のまわりにいるスタッフや部下に対して、どんな態度を取っているか。そういうところからも、「この人は信頼できる人間かどうか」を確かめています。

それこそ、取材対象者、担当者にだけはペコペコする、などというのは、最悪の光景だと思います。周囲への心くばりも忘れてはなりません。相手は、驚くほどよく、こちらが見えているものなのです。

POINT

「仕事でやっています」という態度は相手をがっかりさせる

気くばりコミュニケーションで話を引き出す

松平健さんに聞きにくい質問をどう聞いたのか

「私のために話して」という空気にしない。一方で、本気で聞く。自分のためにも聞く。ちょっと矛盾したことのようにも思えますが、要するにポイントは、相手が話したくなるような環境が作れるか、ということに尽きます。

そこで私がもうひとつ、強く意識していたのが、無理、無茶をさせない、ということでした。そして、そういう空気、そういうメッセージをちゃんと出すことを意識していました。

どうすれば社会人人生がうまくいくのか、ヒントが喉から手が出るほど欲しかった、かつての私でしたが、無理や無茶はしませんでした。可能な限りで話をもらえればいい、というスタンスで臨んでいました。

相手の立場や事情なんておかまいなしに、ズケズケと入り込んでいく、というスタイルもあるのかもしれませんが、私はそれは一切やりませんでした。理由はシンプルで、私がもし相手の立場だったら、ものすごくイヤだろうな、と思えたからです。

私がもし話をする立場なら、ちゃんと気遣ってもらいたい。そういう人になら、いろいろ話したいと思うだろうな、と感じていたからです。


それでも、ときには聞きにくいことを聞かなければいけないこともあります。相手にとっては、思い出したくない話です。例えば、過去に大事な人を亡くした話。離婚など家族をめぐる話。嫌な思い出や怒りがおさまらない話……。

聞きたくないけれど、聞かないと理解が深まらない。あえて聞かないといけない。そういうケースもあります。

私が覚えている取材に、松平健《まつだいらけん》さんのインタビューがあります。松平さんは最近ではマツケンサンバなどで知られていますが、もともと時代劇俳優として知られた人。しかも、将軍吉宗役を長く務めた人です。ご想像いただけると思いますが、迫力たっぷりなのです。

インタビュー自体は楽しみだったのですが、取材に同行できない編集部から、「聞いてきてください」という質問が送られてきました。これが、なんともデリケートなものだったのです。もしかすると、気分を害されてしまうかもしれない。

聞きにくい質問をするときには、「申し訳ありません。ちょっと聞きにくい質問をしてしまうのですが」という前置きをして聞くことがほとんどです。気遣っていることが、少しでも伝わったらと使っていたフレーズですが、このときの質問はそのレベルを超えていました。

悩んだ末に、どのタイミングで聞くのかをしっかり考えました。後半、うまく話がつなげられるところに質問を置き、こんなふうに入ることにしたのでした。

「申し訳ありません。実は編集部から、これだけは聞いてこい、と言われた質問がありまして。ここに過去の雑誌の記事がありまして、こんなことが話題になっていたのですが……」

初めてお会いした松平さんはとても真摯な態度で、きちんと質問に答えてくださる方でした。インタビューの後半、恐る恐る切り出したら、怒り出すどころか、笑って答えてくださったのでした。

引き出す力は普段の会話にヒントが詰まっている

その松平さんの取材で、印象的なエピソードがあります。オーディションで将軍役に抜擢《ばってき》された松平さんは、師匠の勝新太郎《かつしんたろう》さんにこんなアドバイスを受けます。明日からは、安い飲み屋で飲むな。最高級のレストランやクラブに行け。

アドバイスの真意は、日常はすべてに出る、ということ。将軍役を務める人間は、日頃から将軍らしい生活をせよ、ということです。松平さんはこの教えを守りました。そして短期間で終わるはずだった番組は、20年以上続くことになります。

本番だけうまくやろうとしてもダメなのです。日常は、必ず表に出てきてしまう。だから、日頃からちゃんとしていないといけない。そんな強烈な教えを私もいただいたのでした。

これは、しゃべることも同じだと思っています。普段から適当にしゃべっている人、気遣いもできない人は、本番もできない。これでは、相手から引き出すようなことはできないのです。

引き出す力は、ごくごく普段の会話、日常の会話にヒントが詰まっているということでもあります。そこに意識的になることが、本番での力につながっていくのだと私は思っています。

POINT **聞きにくいことは、「聞きにくいのですが」と素直に前置きするといい**

「あなたの話が聞けて楽しい」という雰囲気を醸し出す

その場を楽しめれば自然と会話が弾み、話を引き出せる

引き出す力で必要なこと。最後に忘れがちな大事な話をしておきたいと思います。何より、楽しそうに聞く、ということです。

私の場合のインタビューもそうなのですが、話を聞かなければいけない、となると、質問をすることに一生懸命になって、その場をまったく楽しめていない、などということが起こりかねません。

実際、インタビューを受けていて、そんなふうに感じたことがありました。先にも触れましたが、私がインタビューをする仕事をしていますので、私にインタビューする人はとてもやりにくいことはよくわかります。

おかげで、いろいろ質問を練ってくださったりして、いいインタビューをしていただくことも多いのですが、一方で質問することに一生懸命で、会話として、コミュニケーションと

して楽しそうにされていないことがある。そういうときは、こちらとしては「大丈夫かな」「しゃべっていいのかな」「これで良かったのかな」などと思ってしまうのです。

先にフリーランスになったばかりの頃、本気で聞いていた、と書きましたが、本気で聞いていたからこそ、私はひとつひとつのインタビューを楽しんでいました。

喉から手が出るほどヒントが欲しかったからこそ、成功した一流の人たちに話を聞かせてもらえることはうれしいことでした。私はその感情をそのまま、表に出していました。

おそらく楽しそうに聞いていたし、「これだ」と思える話がもらえたら、満面の笑みを浮かべて、とても喜んでいたと思います。

そもそも、なかなか会えないような人たちに、聞きたい話が聞けるのです。こんな幸運なことはない。

「それはどうしてでしたか」「どこでそのことに気づいたんですか」「どんなところを面白いと思ったんですか」……。ちょっと気になることがあれば、その場でどんどん話を掘り下げていくことができる。

そして、やはり世に出ていく一流の人はすごいな、と思ったのは、質問にきちんと回答してくださったことです。ちゃんと言葉を持っているし、語る内容を持っているのです。

五感をフル活用して話を引き出す

実際、こんな取材がありました。インタビューの流れで「取材を受けるということ」という話になって、ある経営者がこんなことを語っていたのです。

「インタビューは、言ってみればスポーツにおけるヒーローインタビューのようなもの。お立ち台に上がれた人は、ヒーローインタビューで語れるだけの話を必ず持っている。だから、お立ち台に上がれる。

一方で、お立ち台に上がれるだけのことをしていないのに、何かの間違いでヒーローインタビューを受けることになると困ってしまう。なぜなら、語れることがないから」

もし成功したいと思うなら、「自分はお立ち台に上がってヒーローインタビューを受けられるか、常に自問自答しなさい」と彼は語っていました。これは、なかなか鋭く、面白いアドバイスだと思いました。

こういう話が出てくると、とにかくうれしくなってしまいます。私自身もドキリとしましたし、これは多くの人にとても鮮烈なメッセージになると思いました。実際、読者の反響もとても大きかった。

このときは、「取材を受けるということ」という事前の想定質問になかった話に持っていけたことが、引き出せた理由でした。私は楽しんで、その方向に思い切り脱線していったのです。

そもそも話をしていて目の前にいる人が、つまらなそうにしているか、楽しそうに聞いているかで、話し手の意識は雲泥の差になることはご想像いただけると思います。目をランランと輝かせて話を聞いてもらえたら、それはやっぱりうれしいもの。できれば、そういう人に話をしてあげたい、と思うものでしょう。

とてもシンプルなことですが、意外に忘れがち。とりわけ話を聞かないといけない、引き出さないといけない、という思いが頭にあると、この肝心な心得が忘れられてしまう可能性があるのです。

五感のすべてを使って「あなたの話は面白い」とメッセージし続けること。そうすることによって、なかなか出てこない話は、引き出せるのだと私は思っています。

POINT

相手はどうすれば楽しく話せるか、想像してみる

おわりに

人に話を聞いて文章を書く仕事をしている、と書きましたが、この10年ほど私の仕事の中心になっているのは、本を作る仕事です。

こうして自分の本もたくさん書かせていただいている私ですが、著者に代わって本を書く、という仕事もたくさんしています。

本を書けるだけのコンテンツを持っているけれど、忙しくて書く時間がない。長い文章はとても書けない。そうした著者の方に代わり、長時間のインタビューを行ってコンテンツをヒアリングし、本にまとめていく仕事です。

実はビジネス書や実用書は、多くがこの形で作られています。超多忙な経営者や起業家が、大きなパワーを必要とする本の執筆の時間を確保することは極めて難しいことですし、生活を豊かにするさまざまなメソッドを持っている人が、必ずしも文章スキルが高いとは限りません。

そこで、インタビューをして代わりに書く、という仕事が生まれ、たくさんの本が送り出されることになりました。

かつて、この仕事は「ゴーストライター」などと呼ばれた時代もあったようですが、これはなんともひどい呼び名です。もとより、「ゴーストライター」は本人に代わって「創作」する仕事です。

そこで編集者のサポートも相まって、私はこの仕事を「ブックライター」と名付け、拙著『職業、ブックライター。』（講談社）も刊行しました。

今では、出版業界を中心にかなり使われる職業名称になってきています。新たな職業名を作っただけで、「やってみたい」という人も増えてきているようです。

読者のみなさんの中には、「え、あの本は著者本人が書いたのではないのか」と思われる方もおられるようなのですが、小説家やエッセイストを除き、重要なことは文章そのものではないと私は考えています。大事なのは、コンテンツ、すなわち中身、要素です。

それを読者に提供することが目的なのであれば、「誰が書いているのか」にどこまで意味があるのか。それこそ、著者本人が書いているけれど読みにくくて理解するのが大変な本と、本人は書いていないけれど読みやすくてわかりやすい本と、どちらが読者に有用でしょうか。

私がよく言うのは、本の装幀《そうてい》をデザインする著者はほとんどいない、ということです。それは、デザインのスキルが著者にはないから。だから、デザインのスキルのあるデザイナーに頼む。同様に、本の文章を書くスキルが足りないのであれば、スキルのあるブックライターに頼めば話は早いのです。

もし、著者本人でなければ本を出せない、ということになれば、多くの本は世に送り出せないと思います。「誰が書いているのか」にこだわることによって、もしかしたら多くの人の役に立ち、多くの人を救える本が世に出ないかもしれない。どちらが損失か、と思うわけです。

ただし、ご想像いただけると思いますが、本一冊分のコンテンツを著者から引き出すことは、簡単なことではありません。長時間にわたって、本に盛り込まれる内容にふさわしい魅力ある情報を常に引き出し続けなければならない。

実は文章を書くスキルを持っているだけでは、ブックライターの仕事は務まりません。それ以上に、引き出す力が求められる仕事なのです。

もともと雑誌のインタビューからスタートした私の「引き出す」キャリアは、こうして本を作る仕事で磨かれ、そして生かされていくことになったのでした。とても幸運で、ありがたいことだったと思っています。そして、この本にもつながりました。

最後になりましたが、本書を執筆するにあたっては、河出書房新社の高木れい子さん、出版プロデューサーの神原博之さんにお世話になりました。

コミュニケーションは、話す力や伝える力だけで成立するわけではありません。聞く力、引き出す力があってこそ、相手が理解でき、相手が求めることに対応できる。良いコミュニケーションの実現に、本書が少しでもお役に立てたなら幸いです。

2021年7月

上阪 徹

著者紹介

上阪徹（うえさか・とおる）

1966年兵庫県生まれ。ブックライター。これまでの取材人数は3000人を超える。インタビュー集に累計40万部を超えるベストセラーとなった『プロ論。』シリーズのほか、著書に『10倍速く書ける 超スピード文章術』『社長の「まわり」の仕事術』『あの明治大学が、なぜ女子高生が選ぶNo.1大学になったのか？』『JALの心づかい』『メモ活』『文章の問題地図』など多数。「上阪徹のブックライター塾」を開講するなど、幅広く活躍する。

公式サイト　http://uesakatoru.com/

装丁／岩瀬聡
装画／Photo by Ilbusca/DigitalVision Vectors/Getty Images
本文デザイン／茂呂田剛（有限会社エムアンドケイ）

企画・編集協力／神原博之（K.EDIT）

引き出す力
相手が思わず話してしまうひとつ上の「聞く力」

2021年9月20日初版印刷
2021年9月30日初版発行

著者　　上阪徹

発行者　　小野寺優
発行所　　株式会社河出書房新社
〒151-0051　東京都渋谷区千駄ヶ谷2-32-2
電話　(03) 3404-1201（営業）
(03) 3404-8611（編集）
https://www.kawade.co.jp/

本文組版　　有限会社エムアンドケイ
印刷・製本　　三松堂株式会社

Printed in Japan
ISBN978-4-309-30012-2

上阪徹の本

JALの心づかい

グランドスタッフが実践する究極のサービス

JALのグランドスタッフは小さな「っ」を使わない。

「あっち」ではなく「あちら」。

誰もが身につけたい感じのいいおもてなしとは？

お客様一人ひとりに寄り添う究極のホスピタリティ。